AF452955

LE DHARMA

Trois Conférences

DE

ANNIE BESANT

F. T. S.

Faites à la huitième réunion de la Section des Indes

tenue à Bénarès les 25, 26 et 27 octobre 1898

TRADUIT DE L'ANGLAIS

PARIS

PUBLICATIONS THÉOSOPHIQUES

10, RUE SAINT-LAZARE, 10

1901

LE DHARMA

LE DHARMA

Trois Conférences

DE

ANNIE BESANT

F. T. S.

Faites à la huitième réunion de la Section des Indes

tenue à Bénarès les 25, 26 et 27 octobre 1898

TRADUIT DE L'ANGLAIS

PARIS

PUBLICATIONS THÉOSOPHIQUES

10, RUE SAINT-LAZARE, 10

1901

LE DHARMA

LES DIFFÉRENCES

En faisant naître, successivement, les nations de la terre, Dieu donna à chacune un mot particulier, — le mot que chacune devait dire au monde, — le mot particulier, venant de l'Éternel, et que chacune devait prononcer. En jetant un coup d'œil sur l'histoire des nations, nous pouvons entendre retentir ce mot, sortant de la bouche collective du peuple, prononcé dans ses actions, — contribution de ce peuple à l'humanité idéale et parfaite. Pour l'Égypte d'autrefois, le mot fut Religion; pour la Perse, le mot fut Pureté; pour la Chaldée, le mot fut Science; pour la Grèce, le mot fut Beauté; pour Rome, le mot fut Loi; à l'Inde, enfin, l'aînée de ses enfants, l'Éternel donna un mot qui résume tous les

autres, — le mot DHARMA. Voilà le mot que
l'Inde eut à dire au monde.

Mais nous ne pouvons prononcer ce mot, si
significatif, si grand par la puissance qui s'en
dégage, sans nous incliner aux pieds de celui
qui est la plus haute personnification du Dharma
que le monde ait jamais vue ; sans nous incliner
devant Bhishmâ, le fils de Gangâ, la plus vail-
lante incarnation du Devoir. Suivez-moi un instant à cinq mille ans en arrière et voyez ce héros,
couché sur son lit de flèches, sur le champ de
bataille de Kurukshetra. Là, il tient la Mort en
échec jusqu'au moment où sonnera l'heure favorable. Nous franchissons des monceaux et des
monceaux de guerriers égorgés, des montagnes
d'éléphants et de chevaux morts. — Sur notre
route se dresse maint bûcher funéraire, maint
amoncellement d'armes et de chariots brisés.
Nous arrivons jusqu'au héros étendu sur le lit
de flèches. Il est transpercé de centaines de
flèches ; sa tête repose sur un oreiller de flèches.
Car il a refusé les coussins de duvet moelleux,
pour n'accepter que l'oreiller de flèches préparé
par Arjuna. Bhishmâ, accompli dans le Dharma,
avait, tout jeune encore, pour l'amour de son
père, pour l'amour du devoir filial, par affection
pour son père, prononcé un grand vœu : celui
de renoncer à la vie de famille, de renoncer à la

couronne, pour accomplir la volonté de son père
et satisfaire le cœur paternel. Et Shântanu, avec
sa bénédiction, avait accordé à Bhishmâ cette fa-
veur merveilleuse — que la mort ne pourrait
venir à lui qu'à son appel et à l'heure où il con-
sentirait à mourir. Quand Bhishmâ tomba, le
soleil était dans sa déclinaison australe et la sai-
son n'était pas propice pour la mort d'un homme
qui ne devait plus revenir. Il usa donc du pouvoir que lui avait donné son père et repoussa la
mort jusqu'à ce que le soleil vînt lui ouvrir le
chemin de la paix éternelle et de la libération.
Étendu là pendant bien des jours lents à passer,
martyrisé par ses blessures, torturé par les
angoisses du corps inutile qui lui servait de vêtement, il vit venir à lui, avec de nombreux Rishis,
les derniers rois aryens. Shri Krishna vint
aussi, pour voir le guerrier fidèle. Là vinrent les
cinq princes, fils de Pândou, les vainqueurs de
la grande guerre. Tout en larmes ils entourèrent
Bhishmâ et l'adorèrent, remplis du désir de
recevoir ses enseignements. Au héros plongé
dans ces angoisses cruelles vint parler Celui
dont les lèvres étaient celles de Dieu. Il le déli-
vra de sa fièvre, lui accorda le repos du corps,
la lucidité de l'esprit et le calme intérieur, puis
lui ordonna d'enseigner au monde la signification
du Dharma — lui qui, par sa vie, l'avait tou-

jours enseigné, qui ne s'était pas écarté du sentier du juste, qui, comme fils, prince ou homme d'État, avait toujours suivi le sentier étroit. Ceux qui l'entouraient sollicitèrent ses leçons, et Vâsudeva lui demanda de leur parler du Dharma, car Bhishmâ était digne d'enseigner. (*Mahâbârata, Shânti Parva*, § 54.)

Alors se rapprochèrent de lui les fils de Pândou, ayant à leur tête leur frère aîné Yudhisthira, chef des guerriers qui avaient frappé Bhishmâ de coups mortels. Yudhisthira craignait d'approcher et de poser des questions, pensant que — les flèches tirées pour sa propre cause étant en réalité les siennes — il était responsable du sang de son aîné et qu'il ne convenait pas de solliciter ses enseignements. Le voyant hésiter, Bhishmâ, qui, avec un esprit toujours pondéré, avait suivi le sentier difficile du devoir sans s'en écarter ni à droite ni à gauche — Bhishmâ prononça ces paroles mémorables : « Si le devoir des Brâhmanes est de pratiquer la charité, l'étude et la pénitence, — le devoir des Kshattryas est de sacrifier leurs corps dans les combats. Un Kshattrya doit immoler ses pères, ses aïeux, ses frères, ses précepteurs, ses parents et ses alliés qui viendraient, pour une cause injuste, à lui livrer bataille. Tel est le devoir marqué, ô Keshava. Un Kshattrya, sachant son devoir, immole, dans la bataille, ses précepteurs eux-mêmes s'il arrive qu'ils soient remplis de péchés et de convoitises, sans retenue et oublieux de leurs serments..... Interroge-moi, ô enfant, sans aucune crainte. »

Alors, de même que Vâsudeva, parlant à Bhishmâ, lui avait reconnu le droit de parler en maître, de même celui-ci s'adressant à son tour aux princes, exposa les qualités nécessaires à ceux qui veulent demander des éclaircissements sur le problème du Dharma :

« Que le fils de Pândou, doué d'intelligence, maître de lui-même, prompt à pardonner, juste, à l'esprit vigoureux et énergique, me pose des questions. Que le fils de Pândou, qui toujours, par ses bons offices, honore les personnes de sa famille, ses hôtes, ses serviteurs et d'autres qui dépendent de lui — me pose des questions. Que le fils de Pândou, en qui sont la vérité, la charité, les pénitences, l'héroïsme, la douceur, l'adresse et l'intrépidité, me pose des questions. » (*Ibid.*, § 55.)

Voilà quelques-uns des traits caractérisant l'homme qui voudrait comprendre les mystères du Dharma. Voilà les qualités que vous et moi nous devons essayer de développer en nous pour pouvoir comprendre les enseignements, pour être dignes de les solliciter.

Alors commença ce discours merveilleux, sans

égal parmi les discours de la terre. Il expose les
devoirs des rois et des sujets, les devoirs des
quatre ordres, les devoirs de chaque catégorie
d'hommes, devoirs distincts et répondant à chaque période de l'évolution. Tous vous devriez
connaître ce grandiose discours et l'étudier, —
non pour sa beauté littéraire, mais pour sa sublimité morale. Si seulement nous pouvions suivre
Bhishmà dans le chemin qu'il nous a tracé,
comme notre évolution s'accélérerait ! Comme
l'Inde verrait s'approcher l'aurore de sa rédemp-
tion !

La moralité — sujet se rattachant étroitement
au Dharma et qu'on ne peut comprendre sans
savoir ce que signifie le Dharma — la moralité est, pour quelques-uns, une question toute
simple. C'est vrai, si l'on envisage les grandes
lignes. Le bien et le mal, dans les actions ordi-
naires de la vie, sont délimités d'une façon
claire, simple et nette. Pour l'homme peu développé, pour l'homme d'une intelligence étroite,
pour l'homme peu instruit — la moralité paraît
assez facile à définir. Mais, pour ceux de profond savoir et d'intelligence élevée, pour ceux
qui évoluent vers les niveaux supérieurs de la
race humaine, pour ceux qui désirent en comprendre les mystères — la moralité est chose
fort difficile.

« La moralité est très subtile », disait le prince Yudhisthira, appelé à résoudre le problème du mariage de Krishna avec les cinq fils de Pândou. Une autorité plus haute que ce prince avait parlé de cette difficulté. Shri Krishna l'Avatarâ, dans son discours prononcé sur le champ de bataille de Kurukshetra, avait précisément parlé de la difficulté qu'il y a à savoir agir. Voici ses paroles :

« Qu'est-ce que l'action ? Qu'est-ce que l'inaction ? Les sages eux-mêmes restent, sur ce point, perplexes. Il faut distinguer l'action — distinguer l'action illicite — distinguer l'inaction. Mystérieux est le sentier de l'action. » (*Bhagavad Gita*, IV, 16-17.)

Mystérieux est le sentier de l'action. Mystérieux — car la moralité n'est pas, comme le croient les esprits simples, une et invariable pour tous, puisqu'elle change avec le Dharma de chacun. Ce qui est bien pour l'un est mal pour l'autre. Ce qui est mal pour l'un est bien pour l'autre. La moralité est une chose individuelle ; elle dépend du Dharma de l'homme qui agit et non de ce que l'on appelle parfois « le bien et le mal absolus ». Il n'y a rien d'absolu dans un univers soumis à des conditions variables. Le bien et le mal sont relatifs et doivent être jugés relativement à l'individu et à ses devoirs. Ainsi le plus grand de tous les Maîtres a dit au sujet du Dharma — et ceci nous guidera dans notre marche errante : « Mieux vaut son Dharma propre, même dénué de mérite, que le Dharma d'un autre dont on s'acquitte bien. Mieux vaut la mort rencontrée en accomplissant son propre Dharma. Le Dharma d'autrui est plein de dangers. » (*Ibid.*, III, 35.)

Il répéta la même pensée à la fin de ce discours immortel et dit alors — mais en changeant les termes de manière à jeter une nouvelle lumière sur le sujet : « Mieux vaut son Dharma propre, même dénué de mérite, que le Dharma d'un autre, bien accompli. Celui qui s'acquitte du Karma indiqué par sa propre nature ne s'expose pas à pécher. » (*Ibid.*, XVIII, 47.) Il développe davantage, ici, cet enseignement et détermine pour nous, successivement, le Dharma des quatre grandes castes. Les termes mêmes qu'il emploie nous donnent la signification de ce mot que l'on traduit tantôt par le Devoir, tantôt par la Loi, tantôt par la Religion. Il signifie tout cela, mais bien plus encore, car sa signification est plus profonde et plus vaste que tout ce que ces mots expriment. Prenons les paroles de Shri Krishna concernant le Dharma des quatre castes : « Des Brahmanes, des Kshattryas, des Vaishyas et des Shudrâs. O Parantapa, les Karmas ont été distribués *suivant les gunas nées de leurs différentes natures*. La sé-

rénité, l'empire sur soi-même, l'austérité, la pureté, la promptitude au pardon, de même que la
droiture, la sagesse, la connaissance, la croyance
en Dieu — sont le Karma du Brahmane, né de sa
propre nature. La valeur, la splendeur, la fermeté, l'adresse, le courage qui, dans le combat,
ne connaît pas la fuite, la générosité, les qualités
du dominateur — sont le Karma du Kshattrya,
né de sa propre nature. L'agriculture, le soin des
troupeaux et le commerce sont le Karma du
Vaishya, né de sa propre nature. Agir comme serviteur est le Karma du Shudrâ, né de sa propre
nature. L'homme atteint la perfection par l'appli-
cation de chacun à son propre Karma. »

Il dit ensuite : « Mieux vaut son Dharma propre,
même dénué de mérite, que le Dharma d'autrui
bien accompli. Celui qui s'acquitte du Karma
indiqué par sa propre nature ne s'expose pas à
pécher. »

Voyez comme les deux mots Dharma et Karma
sont pris l'un pour l'autre. Ils nous donnent la
clef qui nous servira à résoudre notre problème.
Laissez-moi d'abord vous donner une définition
partielle du Dharma. Je ne puis vous rendre
claire, en une seule fois, la définition complète.
Je vais vous en donner la première moitié et
j'aborderai la seconde quand nous y arriverons.
La première moitié est celle-ci : « Le Dharma est

la nature intérieure qui a atteint, dans chaque homme, un certain degré de développement et d'épanouissement. » C'est cette nature intérieure qui modèle la vie extérieure, qui s'exprime par les pensées, les mots et les actions — cette nature intérieure que la naissance physique a placée dans le milieu favorable à sa croissance. Le premier point à bien saisir, c'est que le Dharma n'est pas une chose extérieure comme la loi, la vertu, la religion ou la justice. C'est la loi de la vie qui s'épanouit et modèle à sa propre image tout ce qui lui est extérieur.

En essayant d'élucider ce sujet difficile et abstrus. je le diviserai en trois parties principales D'abord les DIFFÉRENCES, car les hommes ont des Dharmas différents. Dans le seul passage cité il est fait mention de quatre grandes classes. Un examen plus attentif nous montre que chaque individu a son propre Dharma. Comment comprendre ce que celui-ci doit être? A moins de saisir jusqu'à un certain point la nature des différences, ce qui les a amenées, leur raison d'être, le sens que nous attachons au mot différences; à moins de comprendre comment chaque homme montre par ses pensées, ses paroles et ses actions le niveau qu'il a atteint; à moins de saisir cela — nous ne pouvons comprendre le Dharma. En second lieu, nous aurons à parler de l'ÉVOLUTION, car il nous faut suivre ces différences dans leur évolution. Enfin, nous devrons aborder le problème du BIEN et du MAL, car notre étude tout entière nous amène à répondre à cette question : « Comment un homme doit-il se conduire dans la vie ? » — Il serait inutile de vous demander de me suivre dans des pensées d'une nature difficile si, ensuite, nous ne devions pas mettre en pratique les connaissances acquises et nous efforcer de vivre conformément au Dharma, montrant ainsi au monde ce que l'Inde a eu la mission d'enseigner.

LES DIFFÉRENCES

En quoi consiste la perfection d'un Univers ? Prenons l'idée d'Univers et demandons-nous ce que nous entendons par ce mot. Nous arrivons à le définir ainsi : un nombre immense d'objets séparés, travaillant ensemble avec plus ou moins d'harmonie. La variété est la note « tonique » de l'univers. De même l'unité est celle du Non-Manifesté, du Non-Conditionnel — de l'Unique qui n'a pas de second. La Diversité est la « tonique » du manifesté et du conditionnel ; c'est le résultat de la volonté de multiplier.

Lorsqu'un Univers doit commencer à exister,

il est dit que la Cause Première, Éternelle, Inconcevable, Impossible à discerner, Subtile, fait rayonner sa lumière au dehors, en vertu de sa propre Volonté. Ce que ce rayonnement signifie pour Elle-même, nul n'oserait le conjecturer ; mais ce qu'il signifie, étudié sous la face qui se présente à nous, nous pouvons jusqu'à un certain point le concevoir. Ishvara apparaît. Mais, en apparaissant, Il se montre enveloppé du voile de Mâyâ. Tels sont les deux aspects du Suprême Manifesté. Bien des mots ont été employés pour exprimer ce couple fondamental de contraires : Ishvara et Mâyâ, Sat et Asat, Réalité et Irréalité, Esprit et Matière, Vie et Forme. Voilà les mots dont nous nous servons dans notre langage insuffisant, pour exprimer ce que notre pensée peut à peine saisir. Nous pouvons seulement dire : « C'est l'enseignement des Sages et nous le répétons humblement. »

Ishvara et Mâyâ. Que doit devenir l'Univers ? — L'image d'Ivhvara reflété dans Mâyâ — l'image fidèle d'Ishvara qu'il Lui a plu de présenter à cet univers particulier dont l'heure de naître a sonné. Son image — mais limitée, soumise à des conditions, Son image soumise par Lui-même à des conditions — voilà ce que l'univers doit manifester parfaitement. Mais comment ce qui est limité, partiel, peut-il offrir l'image d'Ishvara ? — Par la multiplicité des parties réunissant leur travail en un tout harmonieux. L'infinie variété des différences et leurs conditions multiples exprimeront la loi de la pensée divine, jusqu'à ce que cette pensée trouve sa formule dans la totalité de l'Univers devenu parfait. Vous devriez essayer d'entrevoir ce que cela peut signifier. Cherchons ensemble à comprendre.

Ishvara pense à la Beauté. Immédiatement Sa formidable énergie, toute-puissante et féconde, vient frapper Mâyâ et la transforme en myriades de formes que nous appelons belles. Elle touche la matière malléable — l'eau par exemple — et l'eau revêt un million de formes de beauté. Nous en voyons une dans la vaste surface de l'Océan calme et tranquille, qu'aucun vent n'agite et dont le sein profond reflète le ciel. Une autre forme de Beauté s'offre à nous quand, sous le fouet du vent, les vagues succèdent aux vagues, les abîmes aux abîmes, jusqu'à ce que toute la masse soit terrible dans sa colère et dans sa majesté. Puis apparaît une nouvelle forme de Beauté. Les eaux furieuses et écumantes se sont apaisées et l'Océan présente maintenant des myriades d'ondulations qui brillent et chatoient sous la lumière de la lune dont elles brisent et réfractent les rayons en milliers d'étincelles. Et

cela encore nous donne une idée de ce que
signifie la Beauté. Puis nous contemplons l'Océan
dont aucune terre ne limite l'horizon et dont
rien ne vient rompre l'immense étendue ; —
ou bien nous nous tenons sur le rivage et voyons
les vagues déferler à nos pieds. Chaque fois que
la mer change d'humeur, ses flots expriment une
nouvelle pensée de Beauté exprimée par l'eau
du lac alpestre, dans l'immobilité et la sérénité
de sa surface paisible ; — par le ruisseau qui
bondit de rocher en rocher ; — par le torrent
qui se brise en milliers de gouttelettes rete-
nant et réfractant le soleil dans toutes les nuances
de l'arc-en-ciel. De l'eau sous tous ses aspects et
toutes ses formes, — depuis l'Océan houleux
jusqu'à l'iceberg glacé, depuis le brouillard et
les embruns jusqu'aux nuages aux couleurs écla-
tantes, — se dégage la pensée de Beauté qu'y a
exprimée Ishvara quand la parole sortit de Lui.
Si nous laissons l'eau, nous trouvons d'autres
pensées de Beauté dans la délicate plante grim-
pante et les couleurs brillantes qu'elle réunit en
elle, dans les plantes plus fortes et le chêne plus
robuste et dans la forêt aux profondeurs obscures.
De nouvelles pensées de Beauté viennent à nous
de chaque sommet de montagne et de la savane
aux vallonnements infinis où la terre semble
soulevée par de nouvelles possibilités d'exis-

tence — des sables du désert — de la verdure
des prés. Sommes-nous las de la terre ? Le télescope présente à notre vue la beauté de soleils
par myriades, s'élançant et roulant à travers les
profondeurs de l'espace. Le microscope, à son
tour, révèle à nos regards émerveillés la beauté
de l'infiniment petit, comme le télescope nous
révèle celle de l'infiniment grand. Une nouvelle
porte s'ouvre ainsi pour nous et nous laisse
contempler la Beauté. Autour de nous, ce sont
des millions et des millions d'objets qui tous ont
leur beauté. La grâce de l'animal, la force de
l'homme, la souple beauté de la femme, les fos-
settes de l'enfant rieur — tout cela nous donne
une idée de ce qu'est la pensée de Beauté dans
l'esprit d'Ishvara.

De cette manière, nous pouvons saisir jusqu'à
un certain point comment Sa pensée fit naître la
splendeur sous des myriades de formes, lorsqu'Il parla, en Beauté, au monde. Il en serait de
même pour la Force, l'Énergie, l'Harmonie, la
Musique et ainsi de suite. Vous comprenez maintenant pourquoi la variété est nécessaire : c'est
parce qu'aucun objet limité ne peut dire entièrement ce qu'Il est, parce qu'aucune forme
limitée ne suffit pour L'exprimer. Mais, à mesure
que chaque forme arrive à la perfection — dans
son genre — toutes les formes parviennent —

dans leur ensemble — à Le révéler partielle-
ment. La perfection de l'Univers est donc la
perfection dans la variété et dans l'harmonie des
parties.

Ceci compris, nous commençons à voir que
l'Univers ne peut atteindre la perfection que si
chaque partie joue son rôle spécial et développe
d'une manière complète la part de vie qui lui est
propre. Si la forêt voulait imiter la montagne —
ou l'eau la terre — les unes perdraient leurs
beautés sans arriver à réunir celles des autres.
La perfection du corps ne résulte pas de ce que
chaque cellule remplit les fonctions d'une autre
cellule, mais bien de ce que chaque cellule remplit parfaitement ses propres fonctions. Nous
possédons un cerveau, des poumons, un cœur,
des organes digestifs... Si le cerveau essayait
de faire le travail du cœur et si les poumons
essayaient de digérer les aliments, le corps serait
certainement dans un triste état. La santé cor-
porelle est assurée par le fait que chaque organe
joue son propre rôle. Nous comprenons ainsi
que, dans le développement de l'univers, chaque
partie doive suivre la route qui lui est tracée par
la loi gouvernant sa propre vie. L'image d'Ishvara dans la nature ne sera jamais parfaite tant
que chaque partie ne sera pas complète. en elle-
même comme dans ses relations avec les autres.

Comment naissent ces innombrables différences ? Comment arrivent-elles à exister ? Quels
sont les rapports de l'Univers, évoluant comme
un tout, avec des parties, dont chacune évolue
suivant une ligne particulière ? Il est dit qu'Ishvara, s'exprimant sous son aspect de Prakriti,
manifeste trois qualités : Sattva, Rajas et Tamas.
Ces mots n'ont pas d'équivalents en anglais. On
ne peut les traduire d'une manière satisfaisante.
Je pourrais cependant, pour l'instant, traduire
Tamas par l'inertie, la qualité qui, opposée au
mouvement, donne la stabilité. Rajas est la qualité de l'énergie et du mouvement. Le mot se
rapprochant le plus de Sattva est peut-être l'harmonie, la qualité de ce qui cause du plaisir, tout
plaisir ayant sa source dans l'harmonie et l'harmonie seule pouvant le donner. Nous apprenons
ensuite que ces trois Gunas se modifient de sept
manières différentes. Elles suivent en quelque
sorte sept grandes directions, donnant naissance
à des combinaisons innombrables. Chaque religion mentionne cette division septuple ; chaque
religion·proclame son existence. Dans la religion
Hindoue elle est représentée par les cinq grands
éléments et les deux supérieurs. Ce sont les sept
Purushas dont parle Manou.

Les trois Gunas se combinent et se divisent,
se constituant en sept grands groupes d'où nais-

sent par des combinaisons variées une infinité de choses. Rappelez-vous que, dans chacune de celles-ci, chacune des qualités est représentée, à un degré variable, et soumise à l'un des sept grands genres de modifications.

Cette différence initiale transmise par un Univers passé — (car un monde se rattache à un autre monde et un Univers à un autre Univers) — nous amène à constater que le torrent de la vie s'est divisé et subdivisé en tombant dans la matière jusqu'au moment où, rencontrant la circonférence de l'énorme cercle. il a reflué sur lui-même. L'évolution commence quand, changeant de direction, la vague de la vie commence à retourner vers Ishvara. La période précédente avait été celle de l'*involution*, pendant laquelle la vie se mêle à la matière. Dans l'*évolution* la vie développe les facultés qui sont en elle. Pour citer Manou — nous pouvons dire qu'Ishvara a placé Sa semence dans les grandes eaux. La vie donnée par Ishvara n'était pas une vie développée, mais une vie susceptible de développement. Tout commence par exister en germe. Le père donne de sa vie pour engendrer l'enfant. Cette semence de vie se développe à travers mille combinaisons jusqu'à ce qu'elle arrive à la naissance, puis, les années se succédant, — à travers l'enfance, la jeunesse et la virilité — jusqu'à ce

qu'elle atteigne l'âge mûr et que l'image du père
se retrouve dans le fils. Le Père Éternel donne, de
même, la vie quand Il place la semence dans le
sein de la matière, mais c'est une vie qui n'est
pas encore évoluée. Le germe commence alors
son ascension, en passant par les phases succes-
sives de l'existence qu'il arrive graduellement à
exprimer.

En étudiant l'Univers, nous voyons que les
variétés qui s'y rencontrent sont constituées par
des différences d'âge. Voilà un point qui inté-
resse notre problème. Le monde n'a pas été
amené à sa condition actuelle par la vertu d'un
mot créateur. C'est lentement, graduellement et
par une méditation prolongée que Brahmâ fit le
monde. Les formes vivantes parurent l'une après
l'autre. L'une après l'autre les semences de vie
furent semées. Prenez un Univers quelconque à
un moment quelconque, — vous verrez que cet
Univers a pour facteur principal le Temps. L'âge
du germe en cours de développement détermi-
nera le degré atteint par le germe. Dans un Univers il existe, dans un même moment, des germes
d'âges divers et inégalement développés. Il y a
des germes plus jeunes que les minéraux, constituant ce qu'on appelle les règnes élémentals. Les
germes en cours de développement appelés le
règne minéral sont plus âgés que ceux-là. Les

germes évoluant dans le monde végétal sont plus âgés que ceux du monde minéral ; autrement dit, ils ont derrière eux un passé d'évolution plus long. Les animaux sont des germes avec un passé plus long encore, et les germes que nous appelons l'humanité ont un passé plus long que tous les autres.

Chaque grande classe se distingue donc par son ancienneté. De même, dans un homme, la vie séparée et individuelle, — j'entends non la vie essentielle mais la vie individuelle et séparée, — diffère de celle d'un autre homme. Nous différons par l'âge de nos existences individuelles, comme nous différons par l'âge de nos corps physiques. La vie est une — une chez tous, mais elle a été involuée à des époques différentes, si l'on tient compte du point de départ donné au germe qui croît. Il faut bien saisir cette idée. Quand un Univers touche à sa fin, il s'y trouve des entités arrivées à des degrés de développement divers. J'ai déjà dit qu'un monde se rattachait à un autre monde, un Univers à un autre Univers. Certaines unités se trouveront au début dans une période d'évolution peu avancée ; d'autres, tout près du moment où leur conscience s'élargira jusqu'à celle de Dieu. Il y aura dans cet Univers, quand sa période d'existence prendra fin, toutes les différences de croissance résultant des différences d'âge. Il n'y a qu'une vie en tous, mais le degré de développement d'une vie particulière dépend du temps depuis lequel elle a commencé à évoluer séparément. Vous touchez ici la racine même de notre problème — une seule vie, immortelle, éternelle, infinie par sa source et par son but. Seulement, cette vie se manifeste suivant différents degrés d'évolution, différentes périodes de développement. Les facultés inhérentes se manifestent plus ou moins et proportionnellement à l'âge de la vie séparée. Voilà les deux points à saisir. Ensuite vous pourrez aborder la seconde partie de la définition du Dharma.

Nous pouvons maintenant définir le Dharma comme « la nature intérieure d'une chose à un moment donné de l'évolution et la loi gouvernant la période prochaine où entrera son développement » — la nature au point atteint par le développement, *plus* la loi amenant la période de développement qui va suivre. La nature elle-même détermine le degré d'évolution atteint. Puis viennent les conditions auxquelles sont subordonnés les progrès ultérieurs de son évolution. Mettez ces deux idées en présence et vous comprendrez pourquoi notre propre Dharma est le seul chemin menant à la perfection. Mon Dharma est le degré d'évolution atteint par ma

nature dans le développement de la semence de
vie divine qui est moi-même — *plus* la loi de vie
déterminant la manière dont je devrai m'élever
au degré suivant. Il appartient au soi séparé. Il
faut que je connaisse le degré de mon développe-
pement — que je connaisse aussi la loi me permettant de pousser plus loin mon développement. Alors je connaîtrai mon Dharma, — et en
suivant ce Dharma j'irai vers la perfection.

Réalisant le sens de ce qui précède, nous
voyons clairement la raison pour laquelle il faut
étudier cette condition présente et cette période
qui va suivre. Si nous ne connaissons pas le degré actuellement atteint, nous ignorerons forcé-
ment le degré suivant qui doit être notre objectif et il se peut ainsi que nous agissions contrai-
rement à notre Dharma et que nous retardions
par là notre évolution. En revanche, connaissant
l'un et l'autre, nous pouvons travailler d'une manière conforme à notre Dharma et hâter notre
évolution. Ici se dresse un dangereux écueil. Nous
voyons qu'une chose est bonne, élevée et grande
et nous aspirons à la réaliser en nous. Est-ce là
notre prochain degré d'évolution ? Est-ce là ce
que demande la loi de notre développement vital pour assurer l'épanouissement harmonieux
de notre vie ? Notre objectif immédiat n'est pas
ce qui est le meilleur — en soi — mais ce qui est

le meilleur, étant donné le degré actuellement
atteint par nous — ce qui nous fait faire un pas
en avant.

Voici un enfant. Si c'est une femme-enfant, il
va sans dire qu'elle a en perspective un avenir
plus noble, plus élevé et plus beau que le moment actuel où elle joue à la poupée. Car l'idéal
féminin parfait — c'est la mère avec son enfant.
Mais, si c'est là l'idéal de la femme parfaite, saisir cet idéal avant l'heure n'est plus un bien, mais
un mal. Tout doit venir en son temps et en son
lieu. Si cette mère doit atteindre le développement parfait de la femme et devenir une mère
de famille bien portante, forte et capable de supporter la pression de la grande onde vitale —
alors il faut une période où l'enfant doit jouer à
la poupée, doit apprendre ses leçons, doit développer son corps. Mais si — dans l'idée que la
maternité est une chose plus élevée et plus noble
que le jeu — cette maternité est imposée trop tôt
et si un enfant naît d'une enfant — le baby en
souffre, la mère en souffre et la nation en souffre;
et cela, parce qu'on n'a pas tenu compte du moment, et que la loi du développement de la vie a
été violée. C'est aller au-devant de toutes sortes
de souffrances que de cueillir le fruit avant qu'il
ne soit mûr.

J'ai pris cet exemple, car il est frappant. Il

vous fera comprendre pourquoi notre propre Dharma vaut mieux pour nous que le Dharma bien exécuté d'un autre, mais qui ne rentre pas dans le domaine de notre développement vital. Telle position élevée peut être la nôtre dans l'avenir — mais il faut que le moment arrive et que le fruit mûrisse. Cueillez-le avant la maturité ; il vous fera grincer des dents. Laissez-le **sur** l'arbre — obéissant ainsi à la loi des temps et à l'ordre évolutif — et l'âme croîtra, sous la poussée d'une vie qui n'a pas de fin.

Ceci nous donne donc une nouvelle solution du problème : la fonction est en raison directe du pouvoir. Exercer la fonction avant le développement du pouvoir est extrêmement pernicieux pour l'organisme. Nous apprenons donc à patienter et à nous conformer à la Bonne Loi. On peut juger des progrès d'un homme par la bonne volonté qu'il met à travailler avec la nature et à se soumettre à la loi. Voilà pourquoi on appelle le Dharma tantôt la loi, tantôt le devoir ; car ces deux idées ont pour racine commune le principe que le Dharma est la nature intérieure, à un moment donné de l'évolution, et la loi de la période de développement qui va suivre. Ceci explique pourquoi la moralité est une chose relative, pourquoi le devoir doit être différent pour chaque âme, suivant son degré d'évolution. Si nous appliquons ceci à des questions de bien et de mal, nous verrons qu'il nous sera possible de résoudre quelques-uns des problèmes de moralité les plus subtils, en les traitant d'après ce principe. Dans un Univers conditionnel, le bien et le mal absolus ne se rencontrent pas — seulement le bien et le mal relatifs. L'absolu n'existe que dans Ishvara, où on le trouvera éternellement.

Les différences sont donc nécessaires à notre conscience conditionnelle. Nous pensons par différences, nous sentons par différences et nous savons par différences. Par les différences seules nous savons que nous sommes des hommes vivants et pensants. L'unité ne fait aucune impression sur la conscience. Les différences et la diversité : — voilà qui rend possible le développement de la conscience. La conscience non conditionnelle échappe à notre compréhension. Nous ne pouvons penser que dans les limites de ce qui est séparé et conditionnel.

Il nous est possible maintenant de voir comment des différences se manifestent dans la nature — comment le facteur du temps intervient et comment — bien que tous aient la même nature et doivent atteindre le même but — il y a des différences dans le degré de l'évolution et, par conséquent, des lois appropriées à chaque degré. Voilà ce que nous avons à comprendre ce soir avant de nous poser le problème complexe : Comment cette nature intérieure se développe-t-elle ? Le sujet est vraiment difficile. Pourtant les mystères du sentier de l'action pourront s'éclaircir pour nous, si nous comprenons la loi sous-jacente et si nous reconnaissons le principe de la vie évoluante.

Puisse Celui qui a donné à l'Inde pour note « tonique » le Dharma illuminer, par Sa vie ascendante et immortelle, par Sa lumière resplendissante et inaltérable, nos obscures intelligences qui cherchent à tâtons Sa loi. Car Sa bénédiction, en descendant sur le suppliant qui cherche, permettra seule que Sa loi soit comprise par notre intelligence — que Sa loi se grave dans nos cœurs.

L'ÉVOLUTION

Nous allons étudier ce soir la deuxième partie
du sujet abordé hier. Vous vous souvenez que
j'ai divisé ce sujet, pour plus de facilité, en trois
titres : les Différences, l'Évolution, le Problème
du Bien et du Mal. Hier nous avons étudié la
question des Différences et la raison pour laquelle différents hommes ont différents Dharmas. Je me permets de vous rappeler la définition du Dharma que nous avons adoptée : le
Dharma signifie la nature intérieure, caractérisée
par le degré d'évolution atteint, *plus* la loi déterminant la croissance dans la période évolutive
qui va suivre. Je vous demanderai de ne pas
perdre de vue cette définition, car, sans elle,
vous ne pourriez appliquer le Dharma à ce que

nous aurons à étudier sous le titre troisième de notre sujet.

Sous le titre de « l'Évolution » nous allons étudier la manière dont le germe vital devient, par l'évolution, l'image parfaite de Dieu. Nous avons vu — souvenons-nous-en — que la seule représentation possible de cette image de Dieu était dans la totalité des nombreux objets constituant par leurs détails l'univers — et que l'individu n'atteindrait la perfection qu'en jouant d'une manière complète son rôle particulier dans le formidable ensemble.

Avant de pouvoir comprendre l'Évolution, il nous faut trouver sa source et sa raison : une vie qui s'engage dans la matière avant de développer toutes sortes d'organismes compliqués. Nous partons de ce principe que tout vient de Dieu et que tout est en Lui. Rien dans l'univers ne peut être exclu de Lui. Nulle vie qui ne soit Sa vie; nulle force qui ne soit Sa force; nulle énergie qui ne soit Son énergie; nulles formes qui ne soient Ses formes; — toutes sont le résultat de Sa pensée. Voilà notre base. Voilà le principe où nous devons nous cantonner — osant accepter tout ce qu'il implique — osant admettre toutes ses conséquences.

« La semence de tous les êtres », dit Shri Krishna parlant comme suprême Ishvara, « voilà ce que Je suis, O Arjuna ! Et il n'y a rien d'animé ou d'inanimé qui puisse exister privé de Moi. » (*Bhagavad Gita*, X, 39.) Ne craignons pas de prendre cette position centrale. N'hésitons pas — sous prétexte que les vies en cours d'évolution sont imparfaites — devant aucune des conclusions où pourrait nous conduire cette vérité.

Dans une autre shloka Il a dit : « Je suis la fraude du tricheur. Je suis aussi la splendeur des choses splendides. » (X, 36.) Quel est le sens de ces mots qui paraissent si étranges ? Comment expliquer cette phrase qui semble presque profane ? Non seulement nous trouvons énoncé, dans ce discours, notre principe fondamental, mais encore nous voyons que Manou enseigne exactement la même vérité : — « De Sa propre Substance Il fait naître l'univers. » La vie, en émanant du Suprême, revêt voile après voile de Mâyâ, sous lesquels la vie doit développer par l'évolution toutes les perfections latentes en elle.

Mais on se demandera tout d'abord : Cette vie, émanant d'Ishvara, ne contient-elle pas, dès le principe, en elle-même, toutes choses déjà développées, — toute puissance manifestée, — toute possibilité actuellement réalisée ? La réponse à cette question, maintes fois donnée en symboles, en allégories et en termes précis, est « Non ».

La vie contient tout — potentiellement — mais rien d'abord de manifesté. Elle contient tout en germe, mais rien d'abord comme organisme développé. La semence est ce qui est placé dans les flots immenses de la matière. Le germe seul est donné par la Vie du Monde. Ces germes, venus de la vie d'Ishvara, développent pas à pas, phase après phase, sur chaque échelon successivement, toutes les puissances présentes dans le Père générateur — nom que Se donne Ishvara dans la Gita. Il le déclare encore : — « Ma matrice est Mahat-Brahma; en elle je place le germe; telle est l'origine de tous les êtres, O Bhârata. Quelle que soit la matrice où se forment les mortels, O Kaunteya, Mahat-Brahma est leur matrice et je suis leur Père générateur. » (XIV, 3-4.) De cette semence, de ce germe contenant toutes choses à l'état de possibilités, mais rien encore de manifesté, — de cette semence doit évoluer une vie s'élevant, de niveau en niveau, de plus en plus haut, jusqu'à ce qu'il se forme un centre conscient capable d'atteindre, en s'élargissant, la conscience même d'Ishvara — mais tout en restant un centre susceptible de devenir un nouveau Logos ou Ishvara, afin de produire un nouvel univers.

Reprenons en détail cette immense vue d'ensemble. La vie qui se mêle à la matière —

voilà notre point de départ. Ces germes de vie,
ces myriades de semences, ou — pour employer
l'expression des Upanishads — ces innombrables
étincelles, émanent toutes de la Flamme unique
qui est le Suprême Brahman. Il faut maintenant
que, dans ces semences, s'éveillent des qualités.
Ces qualités sont des forces — mais des forces
manifestées à travers la matière. L'une après
l'autre les forces apparaîtront. Elles constituent
la vie d'Ishvara voilée dans la Mâyà. Lente est
la croissance dans les premières périodes et
cachée — comme la graine est cachée sous terre
quand elle implante sa racine en profondeur et
envoie vers la surface sa tendre pousse, pour
permettre l'apparition future du jeune arbre. Elle
germe en silence la semence divine, et les
commencements reculés sont cachés dans les
ténèbres, comme les racines sous la terre.

Cette force inhérente à la vie, ou plutôt ces
forces innombrables que manifeste Ishvara pour
permettre à l'univers d'exister — ces myriades
de forces n'apparaissent pas, tout d'abord, dans
le germe. Nul signe de son immense avenir —
nul présage de ce qu'il deviendra plus tard. Il a
été prononcé, relativement à cette manifestation
dans la matière, une parole qui jette beaucoup
de lumière sur la question, si nous parvenons à
en saisir le sens intérieur et subtil: Shri Krishna,

parlant de Sa Prakriti — ou manifestation inférieure — dit : « La terre, l'eau, le feu, l'air, l'éther,
Manas, Buddhi et Ahankarâ — tels sont les huit
éléments de Ma Prakriti. Celle-ci est l'inférieure. » Puis il définit Sa Prakriti supérieure :
« Connais Mon autre Prakriti, la supérieure,
l'élément vital, O puissant guerrier, qui main-
tient l'univers. » (VII, 4, 5.) Puis, un peu plus tard
— mais séparées des paroles qui précèdent par
de nombreuses Shlokas, si bien que souvent le
lien qui les relie échappe au lecteur — d'autres
paroles sont prononcées : « Cette divine Mâyâ
qui est la Mienne, formée par les Gunas, est
difficile à percer. Ceux qui viennent à Moi, ceux-
là peuvent pénétrer cette Mâyâ. » (VII, 14.) Cette
Yoga-Mâyâ est, en vérité, difficile à percer. Beaucoup ne parviennent pas à Le découvrir sous Son
enveloppe de Mâyâ — tant elle est difficile à
pénétrer. « Ceux qui sont dénués de Buddhi Me
regardent — Moi le non-manifesté — comme
manifesté. Ils ignorent Ma nature Suprême,
impérissable, très excellente. Tous ne me décou-
vrent pas sous le voile de Ma Yoga-Mâyâ. » (VII,
24, 25.) Il déclare ensuite que c'est Sa vie non
manifestée qui imprègne l'univers. L'élément de
vie, ou Prakriti supérieure, est non-manifesté;
la Prakriti inférieure est manifestée. Il dit
alors : « Du non-manifesté sort, à la naissance

du jour, le flot des objets manifestés. Quand la nuit vient, ils se dissolvent de nouveau dans Ce qui est appelé le non-manifesté. » (VII, 18.) Ceci se répète indéfiniment. Plus loin Il nous dit : « Aussi existe-t-il, en vérité, au-dessus du non-manifesté, un autre non-manifesté, éternel. Quand tous les êtres sont détruits, il n'est pas détruit. » (VIII, 20.) Il y a une distinction subtile entre Ishvara et l'image de Lui-même qu'Il envoie au dehors. L'image est le reflet du non-manifesté — mais Lui-même est le non-manifesté supérieur, l'éternel qui n'est jamais détruit.

Cela compris, nous arrivons à l'élaboration des facultés. Ici nous commençons vraiment notre évolution. Le flux vital s'est mêlé à la matière afin que la semence fût placée dans un milieu matériel, rendant l'évolution possible. C'est quand nous en arrivons au début de la germination que la difficulté commence. Il faut, en effet, nous reporter, par la pensée, au temps où il n'existait dans ce soi embryonnaire ni raison, ni faculté imaginative, ni mémoire, ni jugement, enfin aucune des facultés mentales conditionnelles que nous connaissons ; — où toute la vie manifestée était celle que nous trouvons dans le règne minéral, placée dans les conditions de conscience les plus basses. Les minéraux font preuve de conscience par leurs attractions et

leurs répulsions, par la cohésion de leurs parti-
cules, par leurs affinités et leurs antipathies —
mais elles ne montrent rien de cette conscience
que l'on peut appeler le sentiment du « moi » et
du « non-moi ».

Dans chacune de ces formes primitives du
règne minéral commence à se développer la vie
d'Ishvara. Non seulement il y a là l'évolution du
germe de vie, mais Lui-même, dans toute Sa
force et dans toute Sa puissance, est là, présent
dans chaque atome de Son univers. Sienne est
la vie mouvante qui rend l'évolution inévitable.
Sienne est la force qui dilate doucement les
parois de la matière, avec une immense patience
et un amour vigilant, empêchant qu'elles ne se
brisent sous cette tension. Dieu, qui est Lui-
même le Père de la vie, renferme en Lui-même
cette vie — comme une Mère — développant la
semence à Sa ressemblance. Il ne montre jamais
d'impatience, jamais de précipitation. Il veut
prélever sur les siècles sans nombre tout le
temps dont le petit germe peut avoir besoin. Le
temps n'est rien pour Ishvara, car Il est éternel
et, pour Lui, tout EST. C'est une manifestation
parfaite qu'Il veut. Aucune précipitation dans
Son travail. Nous verrons plus tard comment
s'exerce cette patience infinie. L'homme, destiné
à devenir l'image de son Père, reflète en lui-

même le Soi avec lequel il fait un et dont il émane.

Il faut que la vie s'éveille. Mais comment ? — Des coups, des vibrations amèneront l'essence intérieure à devenir active. La vie est excitée à l'action au contact des vibrations extérieures. Ces myriades de semences de vie, encore incons-cientes, enveloppées dans la matière, la nature les lance les unes contre les autres par les myriades de moyens dont elle se sert. Mais « la nature » n'est que le vêtement de Dieu, Sa mani-festation la plus basse sur le plan matériel. Les formes se heurtent. Elles ébranlent ainsi les enveloppes matérielles extérieures qui recou-vrent la vie, — et la vie répond au coup par un tressaillement.

Peu importe la nature du coup. Ce qu'il faut avant tout, c'est que le coup soit violent. Toute expérience est utile. Tout ce qui frappe l'enve-loppe avec assez d'énergie pour éveiller dans cette vie un tressaillement suffit pour commencer. Il faut que la vie, au dedans, arrive à tressaillir. Ce sera l'éveil, en elle, d'une faculté naissante. D'abord il n'y aura qu'un tressaillement intérieur, sans action sur l'enveloppe extérieure. Mais — à mesure que les coups succèdent aux coups, que vibration après vibration produit ses secousses de tremblement de terre — la vie intérieure envoie

au dehors, à travers sa propre enveloppe, un fré-
missement qui est une réponse. Le coup a provo-
qué une réponse. Un degré de plus se trouve ainsi
atteint : la réponse est donnée par la vie cachée
et en traverse l'enveloppe. Ces expériences se succèdent dans le règne minéral et dans le règne
végétal. Dans le règne végétal les réponses aux
vibrations nées du contact commencent à mon-
trer que la vie possède une nouvelle faculté — la
sensation. La vie commence à faire preuve de ce
que nous appelons des « impressions ». Autrement dit, elle répond d'une manière différente
au plaisir et à la souffrance. L'essence du plaisir est l'harmonie. Tout ce qui procure du plaisir
est harmonique. Tout ce qui fait souffrir est une
dissonance. Pensez à la musique. Des notes harmoniques, frappées en un même accord, donnent
à l'oreille une sensation agréable; mais si vous
frappez du doigt les cordes sans vous occuper des
notes, vous produisez une dissonance qui fait souffrir l'oreille. Ce qui est vrai en musique est vrai
partout. La santé est une harmonie, la maladie
une dissonance; la force est une harmonie, la faiblesse une dissonance; la beauté est une harmonie, la laideur une dissonance. Partout, dans la
nature, le plaisir signifie la réponse d'un être
doué de sensation à des vibrations harmoniques
et rythmiques — et la souffrance signifie sa ré-

ponse aux vibrations dissonantes et non rythmiques. Les vibrations harmoniques ouvrent un
canal se prêtant à l'expansion de la vie, et le courant, allant au dehors, constitue « le plaisir ». Les
vibrations non harmoniques ferment les issues,
en empêchant le courant de se produire, — et cet
empêchement constitue la souffrance (1). Le courant de vie allant au dehors vers des objets constitue ce que nous appelons « le désir ». Par suite
le plaisir devient la satisfaction du désir. Cette
différence commence à se faire sentir dans le
règne végétal. Un coup survient. Il est harmonique. La vie répond à ces vibrations harmoniques, se dilate et dans cette dilatation, éprouve
du « plaisir ». Un coup survient. C'est une dissonance. La vie lui répond par une dissonance,
est rejetée sur elle-même et, dans cet arrêt, trouve
une cause de « souffrance ». Les coups se succèdent sans trêve ni repos et ce n'est qu'après avoir
été répétés un nombre de fois infini qu'ils éveillent
dans cette vie captive le sentiment de la distinction entre le plaisir et la souffrance. Établir des
distinctions — telle est la seule manière dont
notre conscience, pour le moment du moins, par-
vient à distinguer des objets entre eux. Prenons

(1) L'étudiant devrait chercher à dégager toutes les
applications de ce principe fondamental. Ce travail lui
servirait beaucoup à fixer ses idées.

un exemple très familier. Si vous placez une pièce
de monnaie dans la paume de votre main et si
vous refermez les doigts sur cette pièce, vous la
sentez; mais, à mesure que la pression se pro-
longe, sans rien pour la modifier, le sentiment
du contact disparaît dans la main et vous ne sauriez dire si votre main n'est pas vide. Remuez un
doigt et vous sentez la pièce; laissez la main
immobile et la sensation disparaît. La conscience
ne peut donc connaître les objets que par les différences et, quand la différence disparaît, la conscience cesse de répondre.

Nous arrivons à la faculté suivante manifestée
dans l'évolution de la vie à travers le règne animal. La sensibilité au plaisir et à la souffrance est
grande maintenant, et la faculté d'établir des rapports entre les objets et les sensations apparaît en
germe : nous l'appelons « la perception ». Que
signifie ce mot ? Il signifie que la vie arrive à pouvoir établir un lien entre l'objet qui l'impres-
sionne et la sensation par laquelle elle répond à
cet objet. Quand cette vie naissante, au contact
d'un objet extérieur, reconnaît en lui un objet
donnant du plaisir ou de la douleur — nous disons
que cet objet est perçu et que la faculté de percevoir ou d'établir des liens entre les mondes extérieur et intérieur est évoluée. Quand ce progrès
est réalisé, la faculté mentale commence à ger-

mer et à croître dans l'organisme. Nous la trouvons chez les animaux supérieurs.

Prenons-la chez le sauvage — ce qui nous
permettra de passer plus rapidement sur ces
premières périodes. Nous trouvons le sentiment
du « moi » et du « non-moi » surgissant lentement en lui — ces deux sentiments marchant de
pair. Le « non-moi » le touche et le « moi » le
sent ; le « non-moi » lui est agréable et le « moi »
le sait ; le « non-moi » le fait souffrir et le « moi »
éprouve cette souffrance. Une distinction est
maintenant établie entre le sentiment qu'on
regarde comme le « moi » et toutes les causes
qu'on regarde comme le « non-moi ». Ici naît
l'intelligence, et la racine de la Soi-conscience
commence à se développer. Autrement dit, il se
forme un *centre* vers lequel tout converge du
dehors et duquel tout diverge vers l'extérieur.

J'ai dit que les vibrations se répétaient. Cette
répétition produit maintenant des résultats plus
rapides. Elle amène à percevoir les objets agréables et, par là, permet d'atteindre le degré suivant : l'attente du plaisir avant que le contact
n'ait lieu. On reconnaît dans l'objet celui qui a
déjà donné du plaisir ; on s'attend à la répétition
de ce plaisir. Cette attente est le premier signe
de mémoire et le commencement de l'imagi-
nation. L'intellect et le désir s'entrelacent.

L'attente amène donc une nouvelle qualité mentale à se manifester en germe. Quand existent la reconnaissance de l'objet et l'attente du plaisir que doit accompagner le retour de cet objet — le progrès suivant est de former et d'animer une image mentale de l'objet — son souvenir —; d'où un flux de désir, un désir d'avoir cet objet, une aspiration vers cet objet et, finalement, la recherche de cet objet qui procure des impressions agréables. L'homme multiplie ainsi en lui les désirs actifs. Il désire le plaisir et, poussé par l'intellect, il se met à sa recherche. Pendant longtemps il était resté dans la période animale. Jamais, alors, il ne recherchait un objet sans une sensation interne précise lui inspirant un besoin — besoin que le monde extérieur pouvait seul satisfaire. Revenons — un instant seulement — à l'animal. Qu'est-ce qui le pousse à l'action ? — Le désir impérieux de se délivrer d'une sensation désagréable. Il a faim ; il désire de la nourriture ; il se met à sa recherche. Il a soif ; il veut se désaltérer et se met en quête d'eau. Il recherche donc toujours l'objet pouvant satisfaire son désir. Satisfaites son désir et il restera en repos. Chez l'animal point de mouvement spontané. L'impulsion doit venir du dehors. La faim, il est vrai, est éprouvée par le corps intérieur, mais celui-ci est extérieur relativement au centre de la conscience. Le degré d'évolution de la conscience peut être établi par le rapport existant entre les influences déterminantes extérieures et les mobiles spontanés. La conscience inférieure est poussée à l'action par des influences extérieures à elle-même. La conscience supérieure est poussée à l'action par des mobiles venant du dedans.

Or, en étudiant le sauvage, nous voyons que la satisfaction du désir est la loi de son progrès. Comme ceci doit paraître étrange à beaucoup d'entre vous ! Manou a dit : « Chercher à se délivrer des désirs en les satisfaisant, c'est essayer d'éteindre le feu en y versant du beurre fondu. Il faut mâter et maîtriser le désir. Il faut étouffer absolument le désir. » — Ceci est très certainement vrai — mais seulement quand l'homme atteint un certain degré d'évolution. Dans les premières phases, la satisfaction des désirs est la loi de l'évolution. Si l'homme ne satisfait pas ses désirs, il n'y a pas pour lui de progrès possible. Il faut réaliser que, dans cette période, il n'existe rien qui puisse s'appeler moralité. Nulle distinction entre le bien et le mal. Tout désir doit être satisfait. C'est lorsque ce centre conscient, qui vient de naître, cherche à satisfaire ses désirs — et alors seulement — qu'il peut se développer. Pendant cette phase

primitive, le Dharma du sauvage — ou de
l'animal supérieur — lui est imposé. Il n'a pas
le choix. Sa nature intérieure, que distingue le
développement du désir, demande à être satis-
faite. La satisfaction de ce désir — telle est la loi
de son progrès. Le Dharma du sauvage est donc
de satisfaire tous ses désirs. Et vous ne trouvez pas en lui le sentiment du bien et du mal,
pas la plus faible — pas la plus vague notion que
la satisfaction des désirs puisse être défendue
par une loi supérieure.

Sans la satisfaction des désirs, pas de développement possible. Ce développement doit précéder
l'éveil de la raison et du jugement et l'acquisition
des facultés plus hautes de la mémoire et de l'ima-
gination. Tout cela doit prendre naissance dans
la satisfaction du désir. L'expérience est la loi de
la vie ; elle est la loi du progrès. Sans accumuler
des expériences de tout genre, l'homme ne peut
savoir qu'il vit dans un monde soumis à la Loi.
La Loi a deux manières de parler à l'homme : le
plaisir quand la Loi est observée — la souffrance
quand on lui résiste. Si, dans cette phase peu
avancée, les hommes ne faisaient pas toutes sortes
d'expériences, comment apprendraient-ils l'existence de la Loi ? Comment arriveraient-ils à établir une distinction entre le bien et le mal, sans
avoir fait l'expérience et du bien et du mal ? Les

contraires, seuls, rendent l'existence d'un univers possible. Ces contraires se présentent à la conscience — à un certain moment — sous forme de bien et de mal. Vous ne pouvez connaître la lumière sans l'obscurité, le mouvement sans le repos, le plaisir sans la souffrance. De même, vous ne pouvez connaître le bien qui est l'harmonie avec la Loi sans connaître le mal qui est le désaccord avec la Loi. Le bien et le mal sont des contraires caractérisant une période plus avancée de l'évolution humaine et l'homme ne peut arriver à apprécier ce qui les distingue sans avoir fait l'expérience de l'un et de l'autre.

Et maintenant se produit un changement. L'homme est arrivé à un certain degré de discernement. Laissé à lui-même d'une façon absolue, il arriverait, avec le temps, à reconnaître que certaines choses lui sont favorables, que certaines le fortifient, que certaines exaltent sa vie; que d'autres, de même, l'affaiblissent et diminuent sa vie. L'expérience lui enseignerait tout cela. Avec l'expérience pour seul maître, il parviendrait à distinguer le bien du mal — identifierait le sentiment agréable, qui exalte la vie, avec le bien, et le sentiment pénible, qui la diminue, avec le mal — et arriverait ainsi à conclure que toute félicité et tout progrès ont leur source dans l'obéissance à la Loi. Mais il faudrait très longtemps à cette intelligence naissante pour comparer entre elles les expériences agréables et pénibles et ces expériences, difficiles à comprendre, où ce qui a d'abord donné du plaisir devient, par l'excès, une cause de souffrance — et en déduire ensuite le principe de la Loi. Il se passerait très longtemps avant qu'elle ne puisse réunir d'innombrables expériences et en déduire l'idée que ceci est bien, que cela est mal. Mais cette déduction, elle n'y arrive pas par ses seuls moyens. Des mondes passés viennent à elle certaines Intelligences d'une évolution plus haute que la sienne — des Maîtres qui viennent aider son développement, prendre en main sa croissance, lui apprendre l'existence d'une loi posant les conditions de son évolution et qui augmentera son bonheur, son intelligence et sa force. En réalité la Révélation, venant de la bouche d'un Maître, hâte l'évolution et — au lieu d'être laissé aux lents enseignements de l'expérience — l'homme trouve dans les paroles d'un supérieur et dans leur expression de la loi une aide à son développement.

Le Maître vient et dit à cette intelligence naissante : « En tuant cet homme tu commettras une action que je défends, d'autorité divine; cette action est *mauvaise*; elle te rendra malheureux. » Le Maître dit : « Il est *bien* de secourir ceux qui meurent de faim; cet affamé est ton frère, nourris-

le, ne le laisse pas mourir de faim ; partage avec
lui ce que tu possèdes ; cette action est bonne et,
si tu obéis à cette loi, tu t'en trouveras bien. »
Des récompenses sont montrées pour attirer l'intelligence naissante vers le bien — des punitions
et des menaces pour la détourner du mal. La
prospérité terrestre est associée à l'obéissance à
la loi — l'infortune terrestre à sa transgression.
Cette déclaration de la loi — que le malheur est
la conséquence de ce que la loi défend, et le
bonheur la conséquence de ce qu'elle ordonne —
stimule l'intelligence naissante. Celle-ci méconn-
naît la loi et, le châtiment venant ensuite, elle
souffre. Puis elle dit : « Le Maître m'avait pré-
venue. » Le souvenir d'un commandement con-
firmé par l'expérience fait sur la conscience une
impression bien plus rapide et plus forte que
l'expérience seule, sans la révélation de la loi.
Cette déclaration de ce que les savants appellent
les principes fondamentaux de la moralité — à
savoir que certains genres d'action retardent
l'évolution et que d'autres l'accélèrent — cette
déclaration est, pour l'intelligence, un immense
stimulant.

L'homme refuse-t-il d'obéir à la loi ? Il est
alors livré aux dures leçons de l'expérience. Dit-
il : « Je veux cet objet bien que la loi l'inter-
dise ? » Il est alors livré aux enseignements

sévères de la douleur, et le fouet de la souffrance
lui apprend la leçon qu'il n'a pas voulu recevoir
des lèvres de l'Amour.

Que cela est fréquent de nos jours! Que de
fois un jeune homme raisonneur et infatué de
lui-même refuse d'écouter la loi, refuse d'écouter
l'expérience et ne tient aucun compte des enseignements du passé ! Le désir, chez lui, l'emporte
sur l'intelligence. Son père a le cœur brisé.
« Mon fils, dit-il, mon fils est plongé dans le
vice ; mon fils se laisse aller au mal. Je lui ai
montré à bien agir, et voici — il est devenu
menteur. J'ai le cœur brisé par sa conduite. » —
Mais Ishvara, Père plus tendre qu'aucun père
terrestre, reste patient. Car il est dans le fils
autant que dans le père. Il est en lui et l'instruit
de la seule manière que cette âme consente à
accepter. Le jeune homme n'avait voulu écouter
ni l'autorité, ni l'exemple. Il faut qu'à tout prix le
principe mauvais qui retarde son évolution soit
arraché en lui. S'il refuse de s'instruire par la
douceur, qu'il s'instruise par la souffrance,
qu'il s'instruise par l'expérience. Qu'il se plonge
dans le vice pour éprouver ensuite l'amère douleur qui vient d'avoir foulé aux pieds la loi.
Rien ne presse. Si la leçon est pénible à
apprendre, du moins il l'apprendra sûrement.
Dieu est en lui et pourtant le laisse aller à sa

guise. Que dis-je ! Il lui ouvre même le chemin.
A la demande du jeune homme Dieu répond :

« Mon enfant, si tu refuses d'écouter, fais ce
que tu désires et sois instruit par ta douleur brû-
lante et l'amertume de ta dégradation. Je reste
avec toi, te surveillant — toi et tes actions — car
j'accomplis la loi et je suis le Père de ta vie. Tu
apprendras, dans la fange de la dégradation, à
ne plus désirer, — leçon que tu n'as pas voulu
recevoir de la sagesse et de l'amour. » — Voilà
pourquoi Il dit dans la Gita : « Je suis la fraude
du tricheur. » Car, toujours patient, Il travaille
pour la fin glorieuse et nous fait prendre des
chemins pénibles quand nous ne voulons pas
suivre les chemins unis. Nous — incapables de
comprendre cette compassion infinie — nous
interprétons mal ses intentions ; mais Il poursuit
son œuvre, avec la patience de l'éternité, pour
arriver à ce que le désir soit totalement extirpé
et que son fils puisse être parfait comme son
Père qui est aux Cieux est parfait.

Abordons la période suivante. Il y a certaines
grandes lois de développement qui sont géné-
rales. Nous avons appris à attacher à certaines
choses le caractère de *bien* et à d'autres celui
de *mal*. Chaque nation se fait une idée spé-
ciale de la moralité. Bien peu savent comment
cette idée s'est formée et quels sont ses côtés

faibles. Pour l'ordinaire de la vie elle est suffisante. L'expérience de la race, guidée par la loi, lui a montré que certaines actions retardaient l'évolution tandis que d'autres l'accéléraient. La grande loi de l'évolution méthodique succédant aux phases initiales est celle qui gouverne les quatre pas successifs que fait le développement subséquent de l'homme. Elle s'affirme quand l'homme a atteint un point déterminé, quand son enseignement préliminaire a pris fin. Cette loi existe chez toutes les nations dont l'évolution a atteint un certain niveau, mais elle a été proclamée par l'Inde ancienne comme étant la loi définie de la vie évoluante, la progression que suit l'âme dans sa croissance, le principe sous-jacent qui permet de comprendre le Dharma et de s'y conformer. Le Dharma — souvenez-vous-en — comprend deux éléments : la nature intérieure au point où elle est arrivée — et la loi déterminant son développement dans la période qui va s'ouvrir pour elle. Le Dharma doit être proclamé pour chacun. Le premier Dharma est celui du *service*. Quel que soit le pays où les âmes sont nées, du moment qu'elles ont laissé derrière elles les périodes préliminaires, leur nature intérieure exige qu'elles soient soumises à la discipline du service et qu'elles acquièrent, en servant, les qualités nécessaires à leur croissance

dans la période qui commence. La faculté d'agir
avec indépendance est alors très restreinte. Dans
cette période relativement peu avancée, il y a
plus de tendance à céder aux impulsions extérieures qu'à manifester un jugement tout formé,
prenant un parti déterminé émanant du dedans.
Dans cette classe nous voyons tous ceux qui se
rattachent au type du serviteur. Rappelez-vous
les sages paroles de Bhishmâ : Si les caractères
distinctifs du Brahmane se trouvent dans un
Shudra et manquent dans un Brahmane — alors
le Brahmane n'est pas un Brahmane et ce
Shudrâ n'est pas un Shudrâ. En d'autres termes,
les traits distinctifs de la nature intérieure
déterminent le degré de développement de cette
âme et lui impriment le cachet de l'une des
grandes divisions naturelles. Quand la faculté
d'initiation est faible, la raison pauvre et peu
développée, le Soi inconscient de ses hautes destinées et influencé surtout par ses désirs —
quand il a encore à se développer en satisfaisant la
plupart, sinon la totalité de ses désirs — alors le
Dharma de cet homme est de servir, et ce n'est
que par l'accomplissement de ce Dharma qu'il
peut se conformer à la loi évolutive qui le
mènera à la perfection. Un tel homme est un
Shudrâ, quel que soit le nom qu'on lui donne
dans les différents pays. Dans l'Inde ancienne,

4

les âmes présentant les caractères distinctifs de
ce type naissaient dans les classes convenant à
leurs besoins, car des Devas guidaient leur naissance. De nos jours c'est la confusion qui
règne.

Quelle est, dans cette période, la loi de la croissance ? — L'obéissance, la dévotion, la fidélité.
Telle est la loi de la croissance pour cette période.
L'obéissance — parce que le jugement n'est pas
développé. L'homme qui a pour Dharma le service doit obéir aveuglément à celui qu'il sert. Il
ne lui appartient pas de discuter les ordres de
son supérieur, ni d'examiner si les actions qu'on
exige de lui sont sages. Il a reçu un ordre et son
Dharma est d'obéir. C'est, pour lui, la seule manière de s'instruire. On hésite à admettre cette
doctrine, mais elle est vraie. Je vais prendre un
exemple qui va paraître très clair — l'exemple
d'une armée et d'un simple soldat sous les ordres
de son capitaine. Si chaque soldat soumettait à
son jugement personnel les ordres venant du général et s'il disait : « Ceci n'est pas bon, car, à
mon avis, voilà l'endroit où je serais le plus
utile, » que deviendrait l'armée ? Le soldat est
fusillé quand il désobéit, car son devoir est l'obéissance. Votre jugement est-il faible ? Êtes-vous
surtout déterminé par les influences extérieures ?
Ne pouvez-vous être heureux sans être entouré

de bruit, de tumulte, de fracas? Alors votre Dharma est de servir, quel que soit le lieu de votre naissance; et vous êtes heureux si votre Karma vous place dans une position où la discipline puisse vous former.

L'homme apprend donc à se préparer au degré suivant. Le devoir de tous ceux dont la position confère l'autorité est de se rappeler que le Dharma d'un Shudrâ est accompli quand il est obéissant et fidèle à son maître — et de ne pas s'attendre à ce qu'un homme arrivé à ce degré d'évolution manifeste des vertus plus hautes. Lui demander la sérénité dans les souffrances, la pureté de la pensée et le pouvoir de supporter les privations sans murmurer, serait lui demander trop. Si — en nous-mêmes — ces qualités sont souvent absentes, comment nous attendre à les trouver dans ce que nous appelons les classes inférieures? Le devoir du supérieur est de manifester les vertus supérieures, mais il n'a aucunement le droit de les exiger de ses inférieurs. Si le serviteur fait preuve de fidélité et d'obéissance, son Dharma est parfaitement accompli, et ses autres fautes devraient être, non pas punies, mais indiquées avec douceur par le maître; car, en agissant ainsi, le maître instruit cette âme plus jeune. Une âme-enfant devrait être guidée avec douceur dans le sentier. Sa croissance ne devrait pas être arrêtée par nos duretés, comme elle est généralement.

L'âme, ayant donc appris cette leçon dans bien des naissances, s'est par là conformée à la loi de sa croissance et, fidèle à son Dharma, s'est rapprochée de la période suivante, pendant laquelle elle doit apprendre à exercer pour la première fois le pouvoir par l'acquisition de la richesse. Le Dharma de cette âme est alors de développer toutes les qualités mûres maintenant pour le développement et qui s'épanouissent en menant le genre de vie demandé par la nature intérieure c'est-à-dire en adoptant une des occupations exigées dans la période suivante où acquérir des richesses est un mérite. Car le Dharma d'un Vaishya, dans tous les pays du monde, est de développer en lui-même certaines facultés définies. L'esprit de justice, l'équité dans ses rapports avec autrui, la faculté de ne pas si laisser détourner du but par de simples raisons de sentiment, le développement de qualités comme la finesse et la perspicacité, tout en sachant tenir la balance égale entre des devoirs contradictoires, l'habitude de payer loyalement dans des affaires loyales, un esprit pénétrant, la frugalité, l'absence de gaspillage et de prodigalité, la règle d'exiger de chaque serviteur le service qu'il doit rendre et de payer des salaires justes, mais rien de plus, — voilà les

traits distinctifs qui préparent à un développement plus avancé. C'est un mérite, chez le Vaishya,
d'être frugal, de refuser de payer plus qu'il ne
doit, d'exiger dans les transactions l'exactitude
et la droiture. Tout cela fait naître des qualités
nécessaires et qui contribueront à la perfection
future. Pour commencer, ces qualités sont parfois peu sympathiques, mais envisagées, à un
point de vue plus élevé, elles constituent le
Dharma de cet homme. Si ce Dharma n'est pas
accompli, des points faibles subsisteront dans le
caractère. Ils se manifesteront plus tard et nui-
ront à l'évolution. La libéralité est assurément la
loi de son développement ultérieur, mais non pas
la libéralité de l'homme négligent ou qui paie plus
que de raison. Il doit amasser des richesses par
la pratique de la frugalité et de l'exactitude, puis
dépenser ces richesses en nobles acquisitions et
en subsides aux savants — ou bien les consacrer à
des entreprises sérieuses et soigneusement étu-
diées, ayant pour objet le bien public. Amasser
avec énergie et finesse et dépenser avec soin, discernement et libéralité, voilà le Dharma d'un
Vaishya — la manière dont sa nature se manifeste et la loi de sa croissance ultérieure.

Ceci nous amène au degré suivant — celui des
rois et des guerriers, des batailles et des luttes
— où la nature intérieure est combative, agres-

sive, querelleuse, sachant tenir sa place et prête
à défendre chacun dans l'exercice de ses droits.
Le courage, l'intrépidité, la générosité magni-
fique, le sacrifice de la vie dans la défense des
faibles et l'accomplissement des devoirs per-
sonnels — voilà le Dharma du Kshattrya. Son
devoir est de protéger ce qui lui est confié contre
toute agression extérieure. Cela peut lui coûter
la vie, mais peu importe. Il doit faire son devoir.
Protéger, garder, voilà son travail. Sa force doit
servir de barrière entre le faible et l'oppresseur
— entre l'être sans défense et ceux qui vou-
draient le fouler aux pieds. Il a raison de faire
la guerre et de lutter dans la jungle contre les
bêtes fauves. Ne comprenant pas ce qu'est l'évolution, ni ce qu'est la loi de la croissance, vous
êtes épouvantés par les horreurs de la guerre.
Mais les grands Rishis, qui l'ont voulu ainsi,
savaient qu'une âme faible ne peut jamais atteindre la perfection. Vous ne pouvez acquérir la
force sans le courage. Or ni la fermeté, ni le
courage ne peuvent s'acquérir sans affronter le
danger — sans être prêt à renoncer à la vie
quand le devoir en demande le sacrifice. Sen-
timental et impressionnable, notre pseudo-mo-
raliste recule devant cette doctrine. Mais il
oublie que, dans toute nation, il est des âmes
ayant besoin de cette école et dont l'évolution

intérieure dépend de la manière dont elles en profitent. J'en appelle de nouveau à Bhishmâ, incarnation du Dharma, et je me souviens de ses paroles : « C'est le devoir du Kshattrya d'immoler ses ennemis par milliers, si son devoir de protecteur le lui impose. » — La guerre est terrible ; les combats sont affreux ; ils font bondir nos cœurs d'horreur, et les tortures des corps mutilés et déchirés nous font frémir. Ceci provient en grande partie de ce que l'illusion de la forme nous domine complètement. Le corps est uniquement destiné à aider l'évolution de la vie intérieure. La vie a-t-elle appris tout ce que le corps peut lui donner ? Que ce corps disparaisse et que l'âme soit libre de reprendre un corps nouveau qui lui permette de manifester des facultés plus hautes. Nous ne saurions percer la Mâyâ du Seigneur. Nos corps, que voici, peuvent périr périodiquement, mais chaque mort est une résurrection à une vie supérieure. Le corps lui-même n'est rien de plus qu'un vêtement dont l'âme se revêt. Quel sage voudrait voir le corps éternel ? Nous donnons à notre enfant un petit vêtement et le changeons quand l'enfant grandit. Lui ferez-vous un vêtement de fer pour arrêter sa croissance ? Or ce corps est notre vêtement. Sera-t-il donc de fer pour être impérissable ? L'âme n'a-t-elle pas besoin d'un corps nouveau pour atteindre un degré de développement plus avancé ? Alors, que le corps disparaisse. Telle est la leçon difficile qu'apprend le Kshattrya. Il fait donc l'abandon de sa vie physique et, dans cet abandon, son âme acquiert l'esprit de renoncement ; elle apprend l'endurance, la confiance en soi, la consécration d'elle-même à un idéal, la fidélité à une cause, et le Kshattrya donne joyeusement son corps comme prix de ces vertus, l'âme immortelle s'élevant triomphante pour se préparer à une vie plus belle.

Enfin vient la dernière période : celle de l'enseignement. Le Dharma est, ici, d'enseigner. L'âme doit avoir assimilé toutes les expériences inférieures avant de pouvoir enseigner. Si elle n'avait pas traversé toutes ces périodes antérieures et obtenu la sagesse par l'obéissance, l'effort et la lutte, comment enseigner ? L'homme est arrivé à ce degré d'évolution où l'expansion naturelle de sa nature intérieure le pousse à instruire ses frères plus ignorants. Ces qualités ne sont pas artificielles. Elles sont naturelles et innées et se manifestent partout où elles existent. Un Brahmane n'est pas un Brahmane si, par son Dharma, il n'est pas né instructeur. A-t-il acquis des connaissances et une naissance favorable ? C'est pour devenir instructeur.

La loi de son développement est la connaissance, la pitié, le pardon des offenses, la sympathie
pour toute créature. Quel Dharma différent ! Mais
comment le Brahmane pourrait-il éprouver de la
sympathie pour toute créature s'il n'avait pas
appris à sacrifier son existence à l'appel du
devoir ? Les batailles elles-mêmes ont appris au
Kshattrya à devenir plus tard l'ami de toute créature. Quelle est, pour le Brahmane, la loi de son
développement ? Il ne doit jamais perdre l'empire
sur soi-même. Il ne doit jamais être emporté. Il
doit toujours faire preuve de douceur. Autrement il manque à son Dharma. Il doit être absolument pur. Il ne doit jamais mener une vie in-
digne. Il doit se détacher des objets terrestres,
s'ils exercent une action sur lui. Est-ce là un
idéal impossible ? Je ne fais qu'énoncer la loi —
celle que les Grands Êtres ont énoncée jadis. Mes
paroles ne sont qu'un faible écho des leurs. La
loi nous a donné ce modèle. Qui osera l'amoin-
drir ? Si Shri Krishna lui-même a proclamé cet
idéal comme le Dharma du Brahmane, c'est que
telle doit être la loi de son développement — et
le but de son développement est la libération. La
libération l'attend — mais seulement s'il manifeste les qualités qu'il doit avoir acquises et s'il
se conforme au modèle sublime qui est son
Dharma. A ces conditions seulement il a droit au
nom de Brahmane.

L'idéal est si beau que tous les hommes sérieux et réfléchis y aspirent. Mais la sagesse intervient et dit : « Oui, il t'appartiendra, mais il faut le gagner. Il faut croître; il faut travailler. L'idéal est véritablement à toi — mais pas avant que tu n'en aies payé le prix. » — Il est important de comprendre, pour notre propre croissance et pour celle des nations, que cette distinction entre les Dharmas dépend du degré de l'évolution et de savoir reconnaître notre propre Dharma aux traits distinctifs que nous trouvons dans notre nature. Si nous présentons à une âme qui n'y est pas préparée un idéal si élevé qu'elle n'en soit pas émue, nous entravons son évolution. Si vous offrez à un paysan l'idéal d'un Brahmane, vous lui offrez un idéal impossible à poursuivre et, conséquemment, il ne fera rien. Quand vous avez adressé à un homme des paroles qui ne sont pas à sa portée, cet homme sait que vous avez déraisonné, car vous lui avez enjoint de faire ce dont il est incapable. Votre folie lui a présenté des mobiles qui ne le touchent pas. Plus sages étaient les maîtres d'autrefois. Ils donnaient aux enfants des friandises — et plus tard les leçons plus avancées. Nous — dans notre habileté — nous faisons valoir aux yeux du pécheur le plus abject des mobiles à ne toucher que le plus grand saint, et ainsi, au lieu d'aider son évolution, nous l'entra

vons. Placez votre propre idéal aussi haut que
possible, mais n'imposez pas votre idéal à votre
frère. La loi de sa croissance peut être entièrement différente de la vôtre. Apprenez la tolérance
qui aide chaque homme à faire, là où il est, ce
qu'il est bon pour lui de faire et ce que sa nature
le pousse à accomplir. Le laissant à sa place,
aidez-le. Apprenez cette tolérance qui n'éprouve
d'éloignement pour personne, même pour les pé-
cheurs, — qui voit une divinité à l'œuvre dans
chaque homme et se tient près de lui pour l'aider.
Au lieu de rester à l'écart, au faîte de quelque pic
spirituel, et de prêcher à cet homme une doc-
trïne de renoncement qui le dépasse absolument,
faites servir, pour instruire sa jeune âme, son
égoïsme supérieur à la destruction de son égoïsme
inférieur. Ne dites pas au paysan que, s'il n'est
pas laborieux, il forfait à son idéal. Dites-lui
plutôt : « Voilà votre femme, vous l'aimez; elle
meurt de faim. Travaillez pour la nourrir. » En
faisant valoir ce mobile, certainement égoïste,
vous ferez plus pour l'avancement de cet homme
qu'en dissertant devant lui sur Brahman, le non-
conditionnel et le non-manifesté. Apprenez la
signification du Dharma et vous pourrez être
utile au monde.

Je ne veux pas abaisser d'une ligne votre
propre idéal. Vous ne sauriez viser trop haut. Le

seul fait que vous pouvez le concevoir vous permet de l'atteindre, mais n'en fait pas pour cela l'idéal de votre frère moins développé et plus jeune. Prenez pour objectif ce que vous pouvez imaginer de plus sublime dans la pensée et dans l'amour; mais, en prenant cet objectif, tenez compte des moyens comme de la fin — de vos forces comme de vos aspirations. Que vos aspirations soient hautes. Elles seront, pour votre existence prochaine, les germes de facultés nouvelles. En gardant toujours un idéal élevé, vous vous en rapprocherez, et ce que vous désirez avec ardeur aujourd'hui, vous le deviendrez dans l'avenir. Mais il faut avoir la tolérance de celui qui sait — et la patience, qui est divine. Tout ce qui est à sa place est en bonne place. A mesure que la nature supérieure se développe, il devient possible de faire appel aux qualités telles que l'abnégation, la pureté, le dévouement absolu — et la volonté fortement tendue vers Dieu. Voilà l'idéal à réaliser par les hommes les plus avancés. Élevons-nous vers lui graduellement, de peur de manquer complètement notre but.

LE BIEN ET LE MAL

Pendant nos deux dernières réunions, nous avons porté notre attention et fixé notre pensée sur ce que je puis appeler le côté théorique — dans une très large mesure — de ce problème compliqué et difficile. Nous avons essayé de comprendre comment naissent les différences naturelles. Nous avons essayé de saisir cette idée sublime : que ce monde, d'abord simple germe vital donné par Dieu, doit croître jusqu'à devenir l'image de Celui dont il émane. La perfection de cette image ne peut s'atteindre — nous l'avons vu — que par la multiplicité d'objets finis. La perfection consiste en cette multiplicité, mais cette même multiplicité qui s'offre à nos yeux implique nécessairement la limitation de chaque objet. Nous avons alors trouvé que, en vertu de la loi du développement, la nature intérieure évoluante devait présenter dans l'univers, en un seul et même moment, toutes les variétés possibles. Ces différentes natures ayant atteint chacune un degré d'évolution différent, nous ne pouvons avoir, pour toutes, les mêmes exigences, ni nous attendre à ce que toutes remplissent les mêmes fonctions. Il faut étudier la moralité au point de vue des hommes qui doivent la pratiquer. En décidant ce qui est bien et ce qui est mal, pour un individu donné, il faut considérer le degré de développement atteint par cet individu. Le bien absolu n'existe que dans Ishvara. Notre *bien* et notre *mal* dépendent, dans une large mesure, du degré d'évolution atteint par chacun de nous.

Je vais essayer, ce soir, d'appliquer cette théorie à la manière de vivre. Il faut examiner si, au cours de notre étude, nous avons gagné une idée rationnelle et scientifique de ce qu'est la moralité, afin de ne plus partager les notions confuses répandues de nos jours. Nous voyons bien tel idéal présenté comme devant être réalisé dans la vie, mais nous trouvons aussi que les hommes sont absolument incapables même de le prendre pour objectif. Nous constatons la divergence la plus regrettable entre la foi et la pratique. La moralité n'est pas sans avoir ses lois. Comme tout ce qui est dans l'univers l'expression de la pensée divine, la moralité, elle aussi, a ses conditions et ses limites. Par là, il peut devenir possible de voir sortir un cosmos du chaos moral présent et d'apprendre des leçons morales pratiques qui permettront à l'Inde de croître, de se développer, de redevenir un modèle pour le monde, de retrouver son antique grandeur, et de manifester de nouveau sa spiritualité d'autrefois.

On compte, chez les peuples occidentaux, trois écoles de morale. Il faut nous rappeler que la pensée occidentale a une très grande influence sur l'Inde — tout particulièrement sur la génération qui grandit et sur laquelle reposent les espérances de l'Inde. Il est donc nécessaire d'avoir quelques notions sur les écoles de morale — différentes par leurs théories et leurs enseignements — qui existent en Occident, quand ce ne serait que pour apprendre à éviter ce qu'elles ont d'étroit et leur emprunter ce qu'elles peuvent offrir de bon.

Une certaine école dit que la révélation de Dieu est la base de la morale. A cela ses adversaires répliquent qu'il existe dans ce monde bien des religions et que chacune a sa révélation particulière. Cette variété d'écritures sacrées rend difficile, a-t-on dit, d'affirmer qu'une seule révélation doive être considérée comme fondée sur l'Autorité suprême. Que chaque religion considère sa propre révélation comme supérieure aux autres — cela est naturel ; mais comment, dans ces controverses, le chercheur pourrait-il se former une opinion ?

On dit encore que cette théorie pèche par la base, comme tous les codes de morale établis sur une révélation donnée une fois pour toutes. Pour qu'une loi morale puisse être utile au siècle qui l'a reçue. il faut que son caractère soit approprié à celui du siècle. A mesure qu'une nation évolue et que des milliers et des milliers d'années passent sur elle, nous voyons que ce qui convenait à la nation en bas âge ne convient plus à la nation arrivée à l'âge viril. Beaucoup de préceptes, jadis utiles, ne le sont plus aujourd'hui, les conditions actuelles étant différentes. Cette difficulté est reconnue et trouve sa réponse dans les Écritures Hindoues, si nous les étudions à leur tour, car elles offrent une immense variété d'enseignements moraux, convenant à toutes les catégories d'âmes en cours d'évolution. Il y a là des préceptes si simples, si clairs, si précis et si impératifs, que l'âme la plus jeune peut en faire son profit. Mais nous voyons aussi que les Rishis

ne considéraient pas ces préceptes comme appli-
cables à l'avancement d'une âme déjà très développée. La sagesse antique nous apprend que
certains enseignements étaient encore donnés à
quelques âmes avancées — enseignements qui,
à cette époque, étaient tout à fait inintelligibles
pour les masses. Ces enseignements étaient
réservés à un cercle intérieur formé des âmes
ayant atteint la maturité de la race humaine. La
religion Hindoue a toujours regardé la pluralité
des écoles de morale comme nécessaire au développement de l'homme. Mais, chaque fois que,
dans une grande religion, ce principe n'est pas
posé, vous trouvez une certaine morale théorique
qui n'est pas en rapport avec les besoins crois-
sants du peuple. Elle a, par suite, quelque chose
de chimérique et nous donne le sentiment qu'il
n'est pas raisonnable de permettre aujourd'hui
ce qui était permis à une humanité dans l'enfance.
D'autre part vous trouvez, parsemés dans toute
Écriture, des préceptes du caractère le plus élevé
auxquels peu sont capables d'obéir, même en
intention. Quand un commandement approprié
à un être presque sauvage est déclaré obligatoire
pour tous ; quand, émanant de la même source
que le commandement donné au saint, il
s'adresse aux mêmes hommes — alors naît en
nous le sentiment que cela ne doit pas être et il

en résulte un certain trouble dans nos idées.

Une autre école a pris naissance : elle donne comme base à la morale l'intuition et dit que Dieu parle à chaque homme par la voix de sa conscience. Elle soutient que peuple après peuple reçoit la révélation, mais que nous ne sommes liés par aucun livre particulier : la conscience est l'arbitre suprême. On objecte à cette théorie que la conscience d'un homme a la même autorité que celle d'un autre. Si votre conscience diffère de celle d'autrui — alors comment décider entre conscience et conscience, entre la conscience du paysan ignorant et la conscience du mystique illuminé ? Si, admettant le principe de l'évolution, vous dites qu'il faut prendre pour juge la conscience la plus haute qui puisse se rencontrer dans votre race, l'intuition ne peut plus servir de base solide à la morale et, par le fait même que vous admettez la variété, vous détruisez le roc sur lequel vous vouliez bâtir. La conscience est la voix de l'homme intérieur qui se rappelle les leçons du passé. Cette expérience, qui se perd dans la nuit des temps, lui permet de juger aujourd'hui telle ou telle ligne de conduite. La soi-disant intuition est le résultat d'incarnations infinies. Du nombre des incarnations dépend l'évolution d'une mentalité déterminant, pour l'homme présent, la qualité de la conscience. Une intuition comme celle-là, sans rien de plus, ne saurait être, en morale, un guide suffisant. I nous faut une voix qui commande et non la confusion des langues. Nous avons besoin de l'autorité du maître et non de la rumeur confuse des foules.

La troisième école de morale est l'école utilitaire. Ses vues — telles qu'elles sont généralement présentées — ne sont ni raisonnables, ni satisfaisantes. Quelle est la maxime de cette école ? — « Le bien est ce qui contribue au plus grand bonheur du plus grand nombre. Le mal est ce qui ne contribue pas au plus grand bonheur du plus grand nombre. » — Cette maxime ne supporte pas l'analyse. Remarquez les mots : *le plus grand bonheur du plus grand nombre.* Une restriction semblable rend cette maxime inacceptable pour l'intelligence éclairée. Il ne s'agit pas de majorité quand l'humanité est en jeu. Une seule vie est sa racine, un seul Dieu est son but. Vous ne pouvez séparer le bonheur d'un homme du bonheur de son semblable. Vous ne pouvez briser le roc solide de l'unité et, prenant la majorité, lui accorder le bonheur en laissant de côté la minorité. Ce système méconnaît l'unité inviolable de la race humaine; sa maxime ne peut donc servir de base à la morale. Cette insuffisance résulte de ce que, par le fait de l'unité, un homme ne peut être parfaitement heureux si tous les hommes ne sont pas parfaitement heureux. Son bonheur est incomplet tant qu'un seul être reste isolé et malheureux. Dieu ne distingue pas d'unités ni de majorités, mais donne une vie unique à l'homme et à toutes les créatures. La vie de Dieu est la seule vie dans l'univers, et le bonheur parfait de cette vie est le but de l'univers.

D'autre part, la maxime en question constitue un mobile insuffisant, car elle ne fait appel qu'à l'intelligence développée, c'est-à-dire à l'âme déjà très avancée. Adressez-vous à l'homme du monde ordinaire, à une personne égoïste. Dites à cet homme : « Il faut pratiquer le renoncement, la vertu et la moralité parfaite, même si cela doit vous coûter la vie. » — Que vous répondra-t-il ? Un homme semblable dira : « A quoi bon faire tout cela pour la race humaine — pour des hommes à naître et que je ne verrai jamais ? » — Si vous prenez la maxime citée comme définition du bien et du mal, alors le martyr devient la plus grande dupe que l'humanité ait jamais produite, car il laisse échapper toutes les chances de bonheur et ne reçoit rien en échange. Vous ne pouvez accepter cette définition, sauf dans le cas où il s'agit d'une belle âme, très développée et, sinon tout à fait spirituelle, du moins susceptible d'une spiritualité naissante. Il y a des hommes, comme William Kingdon Clifford, qui ont donné à la doctrine utilitaire un caractère d'élévation sublime. Clifford, dans son *Essai sur la Morale*, fait appel à l'idéal le plus haut et enseigne le renoncement dans les termes les plus nobles. Or, il ne croyait pas à l'immortalité de l'âme. A l'heure de la mort prochaine, il sut se tenir près de la tombe, croyant qu'elle était la fin de tout, et prêcher que la plus haute vertu est seule digne d'un homme véritable, car il la doit à un monde qui lui a tout donné. Bien peu d'âmes savent trouver, dans une perspective aussi sombre, une inspiration aussi belle. Il nous faut une définition du bien et du mal qui inspire tous les hommes, qui fasse appel à tous et non pas seulement à ceux qui ont le moins besoin de son aiguillon.

Qu'est-il sorti de toutes ces controverses ? — La confusion — et pis encore : une acceptation extérieure de la révélation qu'en réalité on laisse de côté. Nous avons, en somme, une révélation modifiée par l'usage. Voilà où nous fait aboutir cette confusion. Théoriquement la révélation est regardée comme l'autorité. Dans la pratique on en fait abstraction, parce qu'on la trouve souvent imparfaite. Conséquence absurde : ce qui est déclaré l'autorité est rejeté dans la vie et l'homme mène, au petit bonheur, une existence illogique,

sans rime ni raison, sans avoir pour base aucun
système précis et rationnel.

Pouvons-nous trouver dans l'idée du Dharma
une base plus satisfaisante, une base sur laquelle
puisse être intelligemment édifiée la manière de
vivre ? Que l'individu soit arrivé, dans son évolution, à un niveau peu avancé ou à un niveau
très élevé, l'idée du Dharma implique l'existence
d'une nature intérieure se développant au cours
de sa croissance. Nous avons vu que le monde,
dans son ensemble, évolue — évolue de l'imperfection à la perfection, du germe à l'homme
divin — s'élève de niveau en niveau, suivant
chaque degré de vie manifestée. Cette évolution
a sa cause dans la volonté divine. Dieu est la
puissance motrice, l'esprit directeur de l'ensemble. C'est Sa manière de construire le monde ;
c'est la méthode qu'Il a adoptée pour que les
esprits, Ses enfants, puissent présenter un jour
l'image de leur Père. Cela même n'implique-t-il
pas l'existence d'une loi ? — Le bien, c'est ce qui
travaille, conformément à la volonté divine, à
l'évolution de l'Univers et hâte cette évolution
dans sa marche de l'imperfection à la perfection.
Le mal, c'est ce qui ralentit ou entrave la réalisa-
tion des desseins divins et tend à faire rétrograder
l'Univers jusqu'au degré au-dessus duquel l'élève
l'évolution. La vie se développe, passant du

minéral au végétal, du végétal à l'animal, de
l'animal à l'homme animal, et de l'homme animal
à l'homme divin. Le bien, c'est ce qui contribue
à l'évolution vers la divinité; le mal, c'est ce qui
la tire en arrière ou ralentit sa marche.

Examinons un instant cette idée; nous obtien-
drons peut-être une notion claire de ce qu'est la
loi et ne nous sentirons plus troublés par cet
aspect relatif du bien et du mal. Placez une
échelle, le pied sur cette estrade, et faites-lui
dépasser le niveau du toit. Supposez qu'un de
vous soit monté sur le cinquième échelon, un
sur le deuxième et qu'un troisième auditeur se
tienne sur l'estrade. Pour l'homme du cinquième
échelon, ce serait descendre que de se placer à
côté de l'homme du deuxième, mais, pour
l'homme debout sur l'estrade, ce serait monter
que de rejoindre l'homme du deuxième échelon.
Supposez que chaque échelon représente une
action : chacune serait à la fois morale et immorale suivant le point de vue auquel nous nous
plaçons. Une action, morale pour l'homme-brute,
serait immorale pour un homme très cultivé.
Descendre de l'échelon supérieur à l'échelon inférieur, c'est — pour l'homme le plus élevé — s'op-
poser à l'évolution. Agir ainsi est donc, pour lui,
immoral. Mais il est moral, pour l'homme inférieur, de s'élever jusqu'à ce même échelon,

parce qu'il se conforme ainsi au sens de son évolution. Deux personnes peuvent donc fort bien se tenir sur le même échelon, mais l'une ayant monté et l'autre étant descendue pour s'y placer, l'action est morale pour l'une et immorale pour l'autre. Cela bien saisi, nous allons commencer à en dégager notre loi.

Voici deux jeunes garçons. L'un est doué et intelligent, mais il aime beaucoup ce qui est physiquement agréable, la table et tout ce qui lui procure un plaisir sensuel. L'autre présente les signes d'une spiritualité naissante : il est vif, alerte et intelligent. Prenons-en un troisième, doué d'une nature spirituelle fort développée. Voilà trois jeunes garçons. A quel mobile nous adresserons-nous pour aider l'évolution de chacun ? Commençons par le jeune homme qui est très porté au plaisir sensuel. Si je lui dis : « Mon fils, ta vie ne doit pas présenter la moindre trace d'égoïsme; il faut vivre en ascète ; » — il haussera les épaules et s'en ira. Je ne l'aurai pas aidé à s'élever d'un seul échelon. Si je lui dis : « Mon garçon, tes plaisirs te donnent une joie momentanée, mais ils te ruineront, physiquement, et détruiront ta santé. Vois cet homme — vieillard avant l'âge — qui s'est laissé aller à une vie sensuelle. Tel sera ton sort si tu continues. Ne vaut-il pas mieux consacrer une partie de ton temps à ta culture intellectuelle, à ton instruction, de manière à pouvoir écrire un livre, composer un poème ou joindre tes efforts à quelque entreprise ? Tu peux gagner de l'argent, t'assurer la santé et la célébrité et, par telle tentative, satisfaire ton ambition. Consacre de temps en temps une roupie à l'achat d'un livre, au lieu de la dépenser dans **un** repas. » — En m'adressant ainsi à ce jeune homme, j'éveille en lui l'ambition — une ambition égoïste, je l'admets ; — mais la faculté de répondre à un appel au renoncement n'existe pas encore chez lui. Le mobile de son ambition **est** égoïste, mais c'est un égoïsme plus relevé **que** celui du plaisir sensuel et — mon enseignement donnant au jeune garçon quelque chose d'intellectuel, le mettant au-dessus de la brute, le plaçant au niveau de l'homme qui développe son intelligence et l'aidant ainsi à s'élever sur l'échelle de l'évolution — mon enseignement est plus sage que ne serait celui d'un renoncement personnel impraticable. Il lui présente, non pas un idéal parfait, mais un idéal à sa portée.

Si, au contraire, je m'adresse au jeune homme intellectuel chez qui la spiritualité s'éveille, je lui présenterai comme idéal le service de son pays, le service de l'Inde. J'en ferai son but et son objectif — mélange d'égoïsme et de désintéressement — élargissant ainsi son ambition et activant son évolution. Et quand j'arrive au jeune homme spirituellement doué, je laisse de côté tous les mobiles inférieurs et j'invoque, au contraire, la loi éternelle du renoncement, la consécration personnelle à la Vie unique, le culte des Grands Êtres et de Dieu. J'enseignerai la Viveka (1) et la Vairagya (2) pour aider ainsi la nature spirituelle à développer ses possibilités infinies. Comprenant donc que la moralité est relative, nous pourrons travailler avec fruit. Si nous ne savons aider chaque âme, quel que soit son niveau, c'est que nous sommes des maîtres sans expérience.

Dans toute nation, certains actes déterminés sont déclarés mauvais — tels que l'assassinat, le vol, le mensonge, la bassesse. Dans toutes ces choses on reconnaît des crimes. Voilà l'idée générale ; mais elle n'est pas corroborée par les faits. Jusqu'à quel point, dans la pratique, ces choses sont-elles reconnues morales ou immorales ? Pourquoi admet-on qu'elles sont mauvaises ? — Parce que la masse de la nation a, dans son évolution, atteint un certain niveau — parce que la

----

(1) Discernement entre le réel et l'illusoire, entre le permanent et le passager. (N. D. T.)

(2) Indifférence pour tout ce qui n'est pas réel et permanent. (N. D. T.)

majorité de la nation est arrivée sensiblement au même degré de développement et que, de là, elle regarde ces choses comme mauvaises et contraires au progrès. Par suite, la minorité, se trouvant au-dessous de ce degré, est considérée comme se composant de « criminels ». La majorité est arrivée, dans son évolution, à un niveau supérieur et la majorité fait la loi. Ceux qui ne peuvent atteindre même le niveau inférieur de la majorité, sont intitulés criminels. Deux types de criminels s'offrent à nous. Sur ceux de la première catégorie, nous ne pouvons faire aucune impression, quand nous faisons appel à leur sentiment du bien et du mal. Le public ignorant les traite de criminels endurcis. Mais cette manière de voir est erronée ; elle a des conséquences déplorables. Ce ne sont là que des âmes ignorantes, en bas âge, des âmes-enfants, des babies dans l'école de la vie. Nous ne les aiderons pas à s'élever en les foulant aux pieds et en persistant à les maltraiter sous prétexte qu'elles sont à peine supérieures à la brute. Nous devrions employer tous les moyens possibles, tout ce que notre raison peut nous suggérer, pour guider et instruire ces âmes-enfants et les former à une vie meilleure. Ne les traitons pas comme des criminels endurcis parce qu'elles ne sont que des babies dans la nursery.

L'autre type de criminels comprend ceux qui éprouvent jusqu'à un certain point des remords et de la repentance après avoir commis le crime et qui savent qu'ils ont mal agi. Ils sont à un niveau plus élevé que les précédents et sont susceptibles d'être aidés, à l'avenir, et de résister au mal — grâce à la souffrance même que leur impose la loi humaine. J'ai dit que toutes les expériences étaient nécessaires pour rendre possible, à l'âme, la distinction du bien et du mal. Il nous faut l'expérience du bien et du mal, jusqu'au moment où nous arrivons à les distinguer — *mais pas plus longtemps.* Dès que les deux modes d'action vous paraissent distincts, vous savez que l'un est bon et l'autre mauvais. Alors, si vous choisissez la mauvaise route, vous péchez — vous violez la loi que vous connaissez et admettez. Un homme arrivé à ce point commet un péché, car ses désirs sont impérieux et le poussent à choisir le mauvais chemin. Il souffre — et cela est juste — s'il obéit à ces désirs. Au moment précis où la connaissance du mal existe, à ce moment aussi, céder au désir devient une dégradation volontaire. L'expérience du mal est nécessaire seulement *avant* que le mal soit reconnu comme tel et afin qu'il le puisse être. Quand deux partis se présentent devant un homme et qu'ils ne semblent pas moralement distincts — alors il peut prendre indifféremment l'un ou l'autre sans mal faire. Mais, du moment qu'une action est reconnue mauvaise, c'est une trahison envers nous-mêmes que de permettre à la brute qui est en nous de l'emporter sur le Dieu qui est en nous. Voilà, en réalité, ce qu'est le péché; voilà la condition de la plupart des hommes — je ne dis pas de tous — qui commettent le mal aujourd'hui.

Cela posé, examinons d'un peu plus près certaines fautes. Prenons le meurtre. Nous remarquons que le sens commun de notre société fait une distinction entre tuer et tuer. Un homme en colère s'arme-t-il d'un couteau et poignarde-t-il son ennemi? La loi l'appelle assassin et le fait pendre. Mille hommes s'arment-ils de couteaux et en poignardent-ils mille autres? Cette manière de tuer se nomme la guerre. La gloire — et non le châtiment — attend celui qui tue de la sorte. La même foule qui hue l'assassin d'un ennemi unique, acclame les hommes qui ont tué dix mille ennemis. Pourquoi cette étrange anomalie? Comment l'expliquer? Y a-t-il rien pour justifier la décision de la société? Existe-t-il une distinction entre les deux actes, justifiant la différence de traitement? — Oui. La guerre est une chose qui soulève de plus en plus les protestations de la conscience publique et nous aurons tout à l'heure

à constater ce fait que la conscience publique se
développe. Mais — si nous devons faire tout
notre possible pour empêcher la guerre, essayer
d'étendre la paix et élever nos enfants dans
l'amour de la paix — il n'en existe pas moins une
distinction réelle entre la conduite d'un homme
qui tue par méchanceté personnelle et la manière
de tuer que nous montre la guerre. La différence
est si profonde que je vais m'étendre un peu sur
ce point. Dans le premier cas, une rancune personnelle est assouvie — une satisfaction personnelle est éprouvée. Dans le second, un homme,
en tuant son prochain, n'obéit pas à un mobile
personnel — n'a pas en vue un but personnel —
ne cherche pas un avantage personnel. Si les
hommes s'entre-tuent, c'est pour obéir à un commandement qui leur est imposé par leurs supérieurs, responsables de la légitimité de la guerre.
Je n'en reconnais pas moins qu'à elle seule la discipline militaire présente des avantages d'une
importance extrême pour les hommes soumis à
son école. Qu'apprend le soldat ? Il apprend
l'obéissance, la propreté, l'activité, l'exactitude,
l'action rapide ; il apprend à supporter volontiers
les épreuves physiques, sans plainte ni murmure.
Il apprend à risquer sa vie et à la sacrifier à une
cause idéale. N'est-ce pas là une école pouvant
trouver sa place dans l'évolution de l'âme ? L'âme

ne gagnera-t-elle pas à cette école ? Quand l'idéal patriotique enflamme le cœur — quand, pour lui, des hommes grossiers, communs et sans éducation, font le sacrifice de la vie — fussent-ils frustes, violents, intempérants, ils n'en passent pas moins par une école qui, dans les existences futures, fera d'eux des hommes meilleurs et plus relevés.

Voici une expression employée par un Anglais d'un talent assez étrange — Rudyard Kipling. Il fait dire aux soldats : qu'ils veulent se battre « pour la veuve qui est à Windsor ». Ces mots peuvent sembler un peu rudes, mais il est bon pour l'homme qui meurt de faim — qui subit la mutilation sur le champ de bataille — d'avoir présente l'image de sa Reine-Impératrice, mère de millions de sujets, et de lui donner sa vie, apprenant ainsi pour la première fois la beauté de la fidélité, du courage et du dévouement. Voilà la différence qui, très obscurément sentie par la masse, distingue le meurtre commis pour un motif personnel, de la guerre. Dans le premier cas, le mobile est égoïste ; dans le deuxième, il relève d'un moi plus vaste — le moi national.

En envisageant cette question de moralité, nous sommes souvent, dans nos actes, loin de compte. Il y a bien des vols, des mensonges, des meurtres, que les lois humaines ne punissent pas, mais dont prend note la loi Karmique et qu'elle fait retomber sur leurs auteurs. Maint vol se déguise sous le nom d'affaires — mainte indélicatesse se déguise sous le nom de commerce — maintes faussetés bien présentées sont intitulées diplomatie. Le crime reparaît sous des formes surprenantes, déguisé et caché, et les hommes doivent apprendre, vie après vie, à se purifier eux-mêmes. Ici se place — avant que nous arrivions à définir l'essence même du mal — un autre point que je ne saurais entièrement passer sous silence : celui de la pensée et de l'action. Certaines actions, que nous voyons commettre, sont inévitables. Vous ne savez ce que vous faites, quand vous laissez vos pensées suivre une direction mauvaise. Vous convoitez, en pensée, l'or d'autrui ; vous étendez sans cesse des mains intellectuelles vers ce qui ne vous appartient pas. Vous vous préparez ainsi un Dharma de voleur. La nature intime, la nature intérieure constitue le Dharma et, si vous composez cette nature intérieure de pensées mauvaises, vous renaîtrez avec un Dharma qui vous portera au vice. Ce mal — vous le commettrez sans réflexion. Vous doutez-vous de ce qu'il y a déjà de pensées, en vous, prêtes à faire naître une action ? On peut endiguer l'eau et

l'empêcher de suivre un certain canal ; mais, si
un trou est pratiqué dans la digue, l'eau, con-
tenue jusque-là, s'écoulera par ce passage et
emportera la digue. Il en est de même de la pensée et de l'action. La pensée s'accumule lentement derrière la digue des occasions manquantes.
Vous pensez — vous pensez toujours — et ce flot
de la pensée grandit, grandit toujours derrière
le barrage des circonstances. Dans une autre vie
ce barrage cède et l'action se trouve commise
sans qu'aucune pensée nouvelle ait eu le temps
de naître. Tels sont les crimes inévitables qui
ruinent parfois une belle existence, au moment
où les pensées d'autrefois portent leurs fruits
dans le présent et où le Karma de la pensée
accumulée se manifeste en action. Si, l'occasion
se présentant, vous avez le temps de réfléchir, le
temps de vous dire : « Vais-je le faire ? » — alors,
pour vous, cette action n'est pas inévitable.
L'instant de réflexion signifie que vous pouvez
mettre votre pensée de l'autre côté et renforcer
ainsi le barrage. Il n'y a pas d'excuse pour
commettre une action reconnue mauvaise. Ces
actions sont, seules, impossibles à éviter que
l'on commet sans réflexion préalable. Dans ce
cas la pensée appartient au passé — l'action au
présent.

Nous arrivons maintenant à la question capi-

tale — à celle de la *Séparativité*. Ici, en vérité,
réside l'essence même du mal. Le grand fleuve
de la vie divine s'est subdivisé — multiplié. Il le
fallait, pour que des centres individuels et cons-
cients devinssent possibles. Tant qu'un centre
a besoin de grandir en force, la séparativité est
nécessaire au progrès. Les âmes, à un moment
donné, ont besoin d'être égoïstes. Elles ne peuvent se passer d'égoïsme au début de leur croissance. Mais, maintenant, la loi de la vie qui pro-
gresse demande aux plus avancées de laisser là
désormais la séparativité et de chercher à réaliser
l'unité. Nous sommes maintenant sur le chemin
menant à l'unité ; nous nous rapprochons de
plus en plus les uns des autres. Il faut maintenant nous unir pour pouvoir faire de nouveaux
progrès. Le but final reste le même, bien que la
méthode ait changé au cours de l'évolution à
travers les âges. La conscience publique commence à reconnaître que c'est, non pas la séparativité, mais bien l'unité qui permet le véritable
développement d'une nation. Nous essayons de
substituer l'arbitrage à la guerre, la coopération
à la concurrence, la protection des faibles aux
brutalités qu'ils ont à subir — et tout cela parce
que la marche de l'évolution se dirige maintenant vers l'unité et non plus vers la séparativité.
Celle-ci marque la descente dans la matière —

l'unification marque la montée vers l'esprit. Le monde est sur l'arc ascendant — malgré les milliers d'âmes retardataires. L'idéal, aujourd'hui, tend à se chercher dans la paix, la coopération, la protection, la fraternité, les secours mutuels. Le mal, aujourd'hui, a sa source dans la séparativité.

Mais cette idée nous amène à soumettre notre conduite à un nouvel examen. Notre action présente a-t-elle pour objet notre avantage personnel ou le bien général ? Notre vie est-elle une vie repliée sur elle-même et inutile, ou vient-elle en aide à l'humanité ? Si elle est égoïste, elle est coupable, elle est mauvaise, elle entrave le développement du monde. Si vous êtes de ceux qui ont vu quel bel idéal est l'unité et compris toute la perfection de l'humanité divine — alors vous devez étouffer en vous cette hérésie de la séparativité.

En étudiant beaucoup des enseignements d'autrefois et en examinant la conduite des Sages, il se présente, au point de vue de la morale, certaines questions qu'on trouve parfois assez embarrassantes. Je place ici cette observation, car je puis vous suggérer un mode de raisonnement vous permettant de défendre les Shâstras contre une critique capticuse et d'étudier leurs enseignements avec fruit sans éprouver de trouble

dans vos idées. Un grand Sage ne donne pas
toujours, dans sa conduite, un exemple que
l'homme ordinaire doive s'efforcer de suivre. Par
grand Sage, j'entends un homme chez lequel
tout désir personnel est mort, qui n'éprouve
d'attraction vers aucun objet terrestre, pour qui
la vie n'est que l'obéissance à la volonté divine,
qui s'offre enfin lui-même pour servir de canal à
la force divine et en déverser sur le monde les
flots secourables. Il remplit les fonctions d'un
Dieu, et les fonctions des Dieux sont différentes des fonctions humaines. La terre abonde
en catastrophes de tout genre — guerres, trem-
blements de terre, famines, épidémies, pestes.
Quelle en est la cause? La seule cause, dans
l'univers de Dieu, c'est Dieu Lui-même. Ces
fléaux, qui semblent si terribles, si révoltants,
si cruels, sont Sa manière de nous instruire
quand nous agissons mal. La peste emporte dans
une nation des milliers d'hommes. Une guerre
formidable couvre les champs de carnage de
milliers de cadavres. Pourquoi? — Parce que
cette nation ne s'est pas conformée à la loi divine
de son évolution et qu'il lui faut recevoir de la
souffrance la leçon qu'elle refuse d'apprendre de
la raison. La peste suit le mépris des règles d'hy-
giène et de propreté générale. Dieu est trop
miséricordieux pour permettre qu'une loi soit

méconnue par les caprices, les fantaisies et les
sentiments de l'homme, si lent à évoluer, sans
lui faire sentir l'infraction commise. Ces catastrophes sont amenées par les Dieux, par les
agents d'Ishvara, qui, toujours invisibles en ce
monde, font respecter la loi divine, comme
un magistrat fait respecter les lois humaines.
C'est précisément parce qu'ils remplissent ces
fonctions et qu'ils agissent d'une façon imper-
sonnelle que leurs actions ne sont pas, pour
nous, des exemples à suivre — pas plus que l'action d'un juge mettant un criminel en prison ne
peut être invoquée comme argument pour mon-
trer qu'un simple citoyen peut tirer vengeance de
son ennemi. Voyez, par exemple, le grand sage
Nârada. Nous le voyons susciter la guerre, quand
deux nations ont atteint un point où elles ne
peuvent plus progresser que par une lutte
acharnée et la conquête de l'une par l'autre. Des
corps périssent, et rien n'est plus utile, pour les
hommes tués de la sorte, que la suppression
rapide de leurs corps. Ils peuvent, dès lors, dans
des corps nouveaux, trouver des conditions plus
favorables à leur développement. Les Dieux pro-
voquent une bataille où des milliers d'hommes
sont tués. Pour nous, il serait coupable de les
imiter, car ce serait un péché que de provoquer
la guerre pour des motifs de conquête, de gain,

d'ambition, ou pour une raison d'un caractère
personnel. Mais, dans le cas de Nàrada, il n'en
est pas ainsi, car les Devarshis comme lui
secondent la marche du monde dans la route de
l'évolution, en renversant les obstacles. Vous
aurez une notion des merveilles et des mystères
de l'univers, quand vous saurez que ce qui
semble mal, vu du côté de la forme, est bien, vu
du côté de la vie. Tout ce qui arrive, arrive pour
le plus grand bien du monde. Oui, « il y a une
divinité qui décide nos destinées ; nous avons beau
les ébaucher. » La religion a raison de dire que
les Dieux gouvernent le monde et guident les
nations, en les ramenant de gré ou de force dans
le droit chemin, quand elles s'égarent.

Un homme absorbé par la personnalité, attiré
par les objets du désir et dont le soi n'est que
Kâma (1) — un tel homme, commettant une
action à l'instigation du Kâma, commet souvent
un crime. Or, cette même et identique action
faite par une âme libérée, délivrée de tout désir,
en exécution d'un ordre divin, sera bonne. Étant
donné que les hommes ont perdu toute croyance
dans l'intervention des Dieux, ces mots peuvent
sembler étranges ; mais il n'existe pas d'énergie,
dans la nature, qui ne soit la manifestation phy-

(1) Désir.

sique d'un Dieu exécutant la volonté du Suprême. Voilà la véritable manière d'envisager la nature. Nous voyons du côté de la forme et, aveuglés par la Màyà, nous l'appelons le mal — mais les Dieux, en brisant les formes, déblaient tout obstacle sur le chemin de l'évolution.

Nous pouvons maintenant comprendre un ou deux de ces autres problèmes que nous opposent souvent les esprits superficiels. Supposons qu'un homme qui brûle de commettre un péché, ne le puisse pas — uniquement par suite des circonstances. Supposons que son désir devienne de plus en plus fort. Que peut-il lui arriver de plus heureux ? — Une occasion de mettre son désir en action. — Quoi ! De commettre un crime ! — Oui. Un crime même est moins pernicieux pour l'âme que l'idée fixe continuelle — que le développement d'un cancer au centre de la vie. Une fois commise, une action est morte, et la souffrance qui lui succède enseigne la leçon nécessaire. La pensée au contraire se propage et vit (1). Comprenez-vous

(1) Ceci ne signifie pas qu'un homme doive commettre un péché, au lieu de lutter contre lui. Tant qu'il lutte, tout est bien pour lui et il acquiert des forces. Le cas envisagé est celui où il n'y a pas de lutte et où l'homme qui brûle de commettre l'action manque simplement d'une occasion. Dans ce cas, plus l'occasion se présente vite, mieux cela vaut pour l'homme. Le désir accumulé

cela ? oui ? Alors vous comprendrez aussi pourquoi, dans les Écritures, vous trouvez un Dieu
plaçant sur le chemin d'un homme l'occasion de
commettre le crime auquel cet homme aspire et
qu'en réalité il commet dans son cœur. Il devra,
bien entendu, expier son péché, mais la souffrance qui attend le coupable l'instruira. Si rien
n'avait empêché cette pensée mauvaise de croître
dans le cœur, elle eût graduellement ruiné toute
la nature morale de l'homme. Tel un cancer
qu'une suppression rapide empêche seule d'em-
poisonner le corps entier. Il est bien préférable,
pour cet homme, de pécher et de souffrir ensuite — que de désirer pécher et de ne trouver
un obstacle que dans le manque d'occasion, se
préparant ainsi une dégradation inévitable dans
des vies futures.

De même ,quand un homme fait des progrès
rapides et qu'il subsiste en lui une faiblesse
cachée — ou qu'un Karma d'autrefois ne soit pas
épuisé — ou qu'une mauvaise action ne soit
pas expiée, cet homme ne pourra pas être libéré
tant que ce Karma ne sera pas épuisé — tant qu'il
lui restera une dette à payer. Quel est le parti le

brise ses digues, le souhait réalisé entraîne la souffrance; l'homme apprend une leçon nécessaire et se
trouve purgé d'un poison moral qui ne cessait d'augmen-
ter.

plus miséricordieux à prendre ? C'est d'aider cet homme à payer sa dette, dans l'angoisse et l'humiliation, afin que la souffrance consécutive à la faute puisse épuiser le Karma du passé. Ceci veut dire qu'un obstacle empêchant sa libération a été enlevé de son chemin. Dieu place la tentation sur sa route, afin de renverser la dernière barrière. Le temps me manque pour développer jusque dans les détails cette idée si importante, mais je vous demande de la suivre vous-mêmes — de voir ce qu'elle implique et quelle lumière elle jette sur les problèmes obscurs de notre croissance et les défaillances des Saints. Si — après l'avoir bien assimilée — vous lisez un livre comme le *Mahâbhârata*, vous comprendrez l'action des Dieux dans les affaires humaines; vous verrez les Dieux travaillant dans l'orage et dans le rayon de soleil, dans la guerre et dans la paix — et vous saurez que tout va bien pour l'homme et pour la nation, quoi qu'il leur arrive, car la sagesse la plus haute et l'amour le plus tendre les guident vers le but qui leur est assigné.

Encore un dernier mot — un mot que j'oserai vous dire, à vous qui m'avez suivie patiemment dans l'étude d'un sujet si difficile et si abstrus. Nous pouvons monter plus haut encore. Sachez qu'il existe un but suprême. Les derniers pas qui nous y amènent ne sont pas de ceux que le

Dharma puisse maintenant guider. Voici des paroles admirables du grand Instructeur Shri Krishna. Voyons comment, dans Son enseignement final, Il mentionne ce qui dépasse en sublimité tout ce que nous avons encore osé effleurer. Voici son message de paix : « Écoute encore Ma parole suprême, la plus secrète de toutes. Tu es mon bien-aimé; ton cœur est ferme; aussi te parlerai-je, pour ton bien. Que ton Manas se perde en Moi. Consacre-toi à Moi. Offre-Moi tes sacrifices. Prosterne-toi devant Moi — et tu viendras jusqu'à Moi. Abandonnant tous les Dharmas, viens à Moi, comme à ton seul refuge. Ne t'afflige point. Je te délivrerai de tout péché...» — (*Bhagavad Gita*, XVIII, 64-66.)

Mes derniers mots ne s'adressent qu'à ceux dont la vie se résume en un ardent désir de se sacrifier à Lui. Ils ont droit à ces derniers mots d'espérance et de paix. Alors le Dharma prend fin. Alors l'homme n'a plus qu'un seul désir : le Seigneur. Quand l'âme est arrivée à ce degré d'évolution où elle ne demande plus rien au monde, mais se donne tout entière à Dieu; quand aucun appel du désir n'a plus d'action sur elle: quand le cœur a, par l'amour, gagné la liberté; quand tout l'être s'élance aux pieds du Seigneur — alors laissez là tous les Dharmas : ils ne sont plus pour vous. Elle n'est plus pour vous la loi du développement; elle n'est plus pour vous la nécessité d'équilibrer les devoirs; il n'est plus pour vous l'examen sévère de la conduite. Vous vous êtes donnés au Seigneur; il n'est plus rien en vous qui ne soit divin. Quel Dharma pourrait vous rester encore? Unis à Lui, vous n'avez plus d'existence séparée. Votre vie est en Lui; Sa vie est la vôtre. Vous pouvez vivre dans le monde, mais vous n'êtes que Ses instruments. Vous êtes à Lui — tout entiers. Votre vie est celle d'Ishvara, et le Dharma n'a plus de prise sur vous. Votre dévotion vous a libérés, car votre vie est cachée en Dieu. Telle est la parole du Maître. C'est sur cette pensée que je voudrais vous laisser, en terminant.

Et maintenant, frères, adieu. Notre travail en commun est fini. Après vous avoir exposé bien imparfaitement un sujet immense, laissez-moi vous demander d'écouter la pensée qui est dans le message et non pas les paroles du messager; d'ouvrir vos cœurs à la pensée et d'oublier les lèvres qui vous l'ont imparfaitement présentée. Rappelez-vous que, dans notre montée vers Dieu, il faut bien essayer, même d'une manière imparfaite, de transmettre à nos frères un peu de cette vie que nous cherchons à atteindre. Oubliez donc celle qui vous parle, mais rappelez-vous l'enseignement. Oubliez les imperfections; elles sont dans le messager et non dans le message. Adorez le Dieu dont nous avons étudié les enseignements et pardonnez, dans votre charité, les fautes que Sa servante a pu commettre, en vous les présentant.

PAIX A TOUS LES ÊTRES !

TABLE DES MATIÈRES

22-1-01. — Tours, imp. E. Arrault et Cⁱᵉ.